古代歷史文化 研究輯刊

二七編

王明蓀 主編

第 13 冊

清代翡翠裝飾用玉分析
——以文獻、種類與功能為中心

蔡麗惠 著

國家圖書館出版品預行編目資料

清代翡翠裝飾用玉分析——以文獻、種類與功能為中心／
蔡麗惠 著 -- 初版 -- 新北市：花木蘭文化事業有限公司，
2022〔民 111〕
目 8+146 面；19×26 公分
（古代歷史文化研究輯刊 二七編；第 13 冊）
ISBN 978-986-518-781-1（精裝）
1.CST：古玉 2.CST：玉器
618 110022117

ISBN-978-986-518-781-1

古代歷史文化研究輯刊
二七編 第十三冊 ISBN：978-986-518-781-1

清代翡翠裝飾用玉分析
——以文獻、種類與功能為中心

作 者 蔡麗惠
主 編 王明蓀
總 編 輯 杜潔祥
副總編輯 楊嘉樂
編輯主任 許郁翎
編 輯 張雅淋、潘玟靜、劉子瑄 美術編輯 陳逸婷
出 版 花木蘭文化事業有限公司
發 行 人 高小娟
聯絡地址 235 新北市中和區中安街七二號十三樓
電話：02-2923-1455／傳真：02-2923-1452
網 址 http://www.huamulan.tw 信箱 service@huamulans.com
印 刷 普羅文化出版廣告事業
初 版 2022 年 3 月
定 價 二七編 13 冊（精裝）台幣 38,000 元

清代翡翠裝飾用玉分析
——以文獻、種類與功能為中心

蔡麗惠　著

作者簡介

蔡麗惠，畢業於台中逢甲大學歷史文物研究所。因工作背景對文物產生濃郁的興趣，尤其是玉器類。為了在學術領域獲得更多的資糧，選擇教學嚴謹，對文物歷史有著深厚研究的逢甲歷文所就讀，在校期間承蒙李建緯教授的指導及啟蒙，對於中國古玉有更進一步的探討及認識，故將對中國古玉歷史資料的收集及學習成果發表於此篇論文。

提　　要

　　本篇論文主要說明「翡翠」存在中國的過程，用科學角度來解釋「翡翠」，並分析「翡翠」在清代快速發展的成因，進而影響到西方珠寶世界。

　　中國玉器歷史中，翡翠的存在直到宋代才於文獻中具體確認出現。翡翠有別於和闐玉的溫潤，具有輝石玉的玻璃光彩，顏色翠綠，因此被運用製作成裝飾用玉，而非一般的玉器。

　　本文主要透過清代傳世的翡翠裝飾用玉及清宮造辦處的檔案來探討清代的翡翠發展過程及翡翠玉文化轉變的成因，並將文獻及清宮造辦處《各作成做活計清檔》比對，印證慈禧太后身為女性主義對美的珠寶喜愛，同時也對當時的市場造成不小的影響。

　　清末時期的東西化交流，更將西方珠寶帶入中國，改變東方人對珠寶的審美觀，並將東方的玉石翡翠帶入西方珠寶世界，直至現在，翡翠仍是貴重珠寶之一。

目次

表目錄

第一章 緒 論

第一節 研究動機與目的

　　「玉」在華人文化圈中，自古以來有著其獨特而又受尊崇之地位，其本身所具有的溫潤質感，以及含蓄卻又無法掩飾的光彩，千百年來深受到皇室、達官貴人，以及平民百姓的追求與收藏。中國人自古就有崇玉、愛玉、佩玉、賞玉的情懷，古代詩詞當中亦多用玉來喻物，甚至用以喻人。因此「玉」也被華人文化賦予了「仁、義、智、勇、潔」的崇高美德，也因為這樣的指稱借代，使得擁有者也因為配戴玉器，進而表其人格崇高聖潔。

　　而此處所論及的「玉」，以中國自古以來之習慣，多以和闐玉為代表，也就是現今俗稱之「軟玉」，可謂和闐玉為中華玉文化的象徵。然而「軟玉」乃用以和翡翠的「硬玉」作為區別，除了其質地的差異性，兩者於運用、價值，乃至於價格，皆有所差異性。其中，翡翠在中華文化中雖然也有著悠久的使用歷史，但卻遲至清朝才因皇室的大量使用而逐漸提升其地位與價值。在清朝短短的兩百年間，由不少能工巧匠製作出數量龐大，且在質量或做工上均華美精細的翡翠配飾與文玩，其形制與技法所呈現出的鬼斧神工，同樣也反映出了專屬於那個時代的卓越藝術風華。

　　隨後的一百多年，人們對於翡翠玉飾的喜好非但沒有消退，反而更加蓬勃發展。端看近期媒體節目中，對於翡翠玉飾探討的熱烈程度，使得許多精美的民間翡翠藏品逐一呈現。同時也在這樣的操作之下，使得翡翠蔚為時尚，並將翡翠視為最具中華文化象徵的寶石代表。另一方面，頂級的翡翠價格居

高不下，在現今市場上目前並無標準化或定型化之價格帶，其成交價格取決供需程度。而近期中國經濟崛起，也在熱烈的消費風潮中，將配戴高檔翡翠玉飾視為一種財富身份的表徵。

然而，時尚的流行並非偶然或一蹴即成，從歷史發展來看，到了滿清末年，在這個泱泱大國即將面臨瓦解的時局，作為裝飾工藝的翡翠奢侈品還能大方進入皇宮，並成為當朝獨霸天下的慈禧太后之最愛，乃至今時成為中華玉石文化的代表，當中所蘊含的社會文化背景，以及價值觀念成因，使得翡翠儼然又蘊含著豐富的歷史意涵與文化價值。

隨著時代變遷，翡翠作為高檔飾品以及奢侈品的代表，從生活與身分象徵，逐漸走入博物館，成為展現其歷史與技藝的載體。每當人們走進博物館，透過展示接觸到翡翠的潤澤與高超的技藝，彷彿走進了當時的時空背景，感受每一件翡翠從玉石蛻變至珍寶的那段過程。無論是中國古代皇室珠寶配飾，亦或民間收藏藝品，其中所蘊涵著的文化意涵，以及千百年來的工藝技法累積，使得翡翠脫離了石頭的本質，逐漸走入用者與觀者的內心。

也因為翡翠的文化與藝術價值，使得學界也產生了各類型對於翡翠研究的課題，從基本的物理科學性認識，至其背後的歷史文化意含，以及工藝技法等相關研究，將翡翠的價值無限延伸，從學術領域的角度來看，翡翠展現出了多元的文化樣貌，筆者也在相關的課題研究當中，逐漸認識到翡翠的文化之美，也對於翡翠的興起歷史背景產生了濃厚興趣。一塊存在上萬年的石頭，是如何走入宮廷的視線？從慈禧太后個人的喜愛，到影響整個皇室的用玉習慣，與當時的時空背景是否有所關聯？這一連串的問號，也成為了筆者對於翡翠研究的開端。

本篇研究亦將在這樣的問題意識基礎上，探討翡翠在中華玉文化中的發展脈絡，並著眼於清代皇室特有的翡翠玉飾文化，進行歷時性的脈絡梳理。同時，針對目前各博物館中傳世的翡翠物件，就其使用功能加以分類探討，從中分析清末中晚期，因受到清皇室喜愛而逐漸興盛的翡翠玉文化，是如何影響進而領導整個二十世紀的玉石審美觀，以及現今珠寶市場的收藏趨勢。

第二節　文獻回顧

關於翡翠的歷史與研究，國內外已有許多相關之探討，並有為數眾多的

出版品與圖錄。本研究亦將以前人研究為基礎。同時，因多數清宮舊藏的傳世翡翠傳世品，目前多保存在台北國立故宮博物院及北京故宮等兩座博物館中，因此亦將以兩座博物館所出版發行之圖錄與相關文獻，作為分析研究之資料。另一方面，海內外學者所發表之相關研究文章，亦是本研究所借鏡之重要依據。

　　2012 年，由臺北故宮、瀋陽故宮與北京故宮所聯合舉辦的「清代東西方珠寶特展《皇家風尚》」（ROYAL STYLE——QING DYNASTY AND WESTERN COURT JEWELRY）特展，當中前所未見的集合了清代中晚期東西方的珠寶配飾。主要展出了東方的清王朝皇家宮廷珠寶，以及西方的名門貴族與名珠寶首飾設計師之作品。這次的展出物件的時間軸跨越了十九世紀至二十世紀中葉，幾乎囊括東西方當代做工精細、設計華麗的金銀珠寶。尤其當中所展示的東方珠寶，將中國當時的清代皇室宮廷珠寶，其精細工藝與藝術價值表露無遺，完整的展現了當時的翡翠精華。整場展覽規格之高令人印象深刻，穿梭走訪於各展場，眼之所見，琳瑯滿目，每一件設計華麗、做工精細的珠寶玉飾，無不震撼人心。也透過這樣的一場展覽，使得筆者對於十九世紀至二十世紀中葉，東西方的藝術與文化交流有更深一層的認識。

　　而此次展覽所出版的《皇家風尚——清代宮廷與西方貴族珠寶》導覽圖錄，〔註1〕當中亦收錄了絕大部分的展出物件與其相關介紹，尤其以西力東漸對於大清王朝的影響層面，以及皇室收藏品多有著墨。若是想瞭解東西合璧下之金銀玉器及工藝技法的改變，此書亦提供了從傳世文物的角度，探討中國玉石是如何從「軟玉」和闐玉這種具儒家思想文化的溫潤雅石，轉而成為以「硬玉」翡翠代表時尚象徵。無論是物質的運用，或是背後的文化意涵，其間的轉換有著許多值得深刻琢磨之處。

　　認識翡翠必須先了解中國玉器的歷史，諸如：古方《中國古玉器圖典》〔註2〕、李建緯《中國金銀器的時尚、表徵與技藝》〔註3〕、張尉，〈隋唐至清代玉器研究的回顧與展望〉，《中國隋唐至清代玉器學術研討會論文集》〔註4〕、

〔註1〕李梅齡、陳慧霞、李逸馨、黃瑩絜，《皇家風尚：清代宮廷與西方貴族珠寶　導覽手冊》（台北：雙瑩文創股份有限公司，2012）。

〔註2〕古方，《中國古玉器圖典》（北京：文物出版社，2007）。

〔註3〕李建緯，《中國金銀器的時尚、表徵與技藝》（台中：捷太出版社，2013）。

〔註4〕張尉，〈隋唐至清代玉器研究的回顧與展望〉，《中國隋唐至清代玉器學術研討會論文集》（上海：古籍出版社，2002）。

鄧淑蘋《古玉圖考導讀》〔註5〕、〈百年來古玉研究的回顧與展望〉,《慶祝高去尋先生八秩榮慶論文集》〔註6〕等研究專著,皆為本研究對於中國玉器認識的入門。

而在翡翠的科學辨識上則參考:1997 李英豪《保值翠玉》〔註7〕、1998 歐陽秋眉《翡翠選購》〔註8〕、2003 朱倖誼《寶石珍賞誌》〔註9〕、2014 戴鑄明《翡翠【鑑賞與選購】》〔註10〕、以及筆者 2018 參加黎龍興老師〈翡翠玉石鑑定與投資經營管理特訓班〉〔註11〕所提供的教材內容。以上述這些文章做為以科學的角度認識翡翠的重要參考資料。

除此之外,鄧淑蘋在《故宮文物月刊》第 14 期〈談翡翠〉〔註12〕、17 期〈續談翡翠〉〔註13〕、27 期〈玉的鑑定八法〉〔註14〕、30 期〈瑱與耳飾玦〉〔註15〕,以及 336 期〈是誰欺騙了汪精衛與日本天皇——從一件嵌玉屏風談「綠色玉」的迷思〉〔註16〕等文章當中所探討之翡翠。針對翡翠一詞的由來,材料及產地都有著深入淺出的論述,並對於翡翠鑑定做了實物的見證。鄧淑蘋是國立臺北故宮資深的研究員,在《故宮文物月刊》發表過許多關於翡翠研究之相關文章,透過鄧淑蘋老師對於翡翠之介紹與分析,可以獲得對翡翠如物質性、歷史性、文化性等知識。當中提到翡翠在十九世紀清末時,逐漸受到清宮后妃們的珍愛,然而,造成此現象的原因於相關論述中,並未著墨太多。因此筆者將於鄧淑蘋老師的研究基礎上,更深入的去探析

〔註5〕鄧淑蘋導讀,《古玉圖考》(台北:藝術圖書公司,1992)。
〔註6〕鄧淑蘋,〈百年來古玉研究的回顧與展望〉,《慶祝高去尋先生八秩榮慶論文集》,(台北:正中書局,1991)。
〔註7〕李英豪,《保值翠玉》(台北:藝術圖書公司,1997)。
〔註8〕歐陽秋眉,《翡翠選購》(香港:天地圖書有限公司,1998)。
〔註9〕朱倖誼,《寶石珍賞誌》(台北:積木文化,2003)。
〔註10〕戴鑄明,《翡翠【鑑賞與選購】》(台北:迪藤出版社,2014)。
〔註11〕黎龍興,〈翡翠玉石鑑定與投資經營管理特訓班教材〉,2018 年。
〔註12〕鄧淑蘋,〈談翡翠〉,《故宮文物月刊》,2:3＝15(台北,1984),頁 4～10。
〔註13〕鄧淑蘋,〈續談翡翠〉,《故宮文物月刊》,2:5＝17(台北,1984),頁 40～41。
〔註14〕鄧淑蘋,〈玉的鑑定八法〉,《故宮文物月刊》,3:3＝27(台北,1985),頁 83～93。
〔註15〕鄧淑蘋,〈瑱與耳飾玦〉,《故宮文物月刊》,3:6＝30(台北,1985),頁 77～87。
〔註16〕鄧淑蘋,〈是誰欺騙了汪精衛與日本天皇——從一件嵌玉屏風談「綠色玉」的迷思〉,《故宮文物月刊》,336(台北,2011),頁 4～15。

清代翡翠玉石受到重視與其觀念轉變之成因。

　　而中國學者楊伯達長期專研中國玉石，相關研究多以北京故宮博物院的翡翠藏品做為研究材料，其研究成果有多部出版文獻，並發表多篇翡翠研究之期刊文章。諸如：〈清宮舊藏翡翠器簡述〉〔註17〕、〈從文獻記載考翡翠在中國流傳〉〔註18〕、〈勐拱翡翠流傳沿革考〉〔註19〕、〈「雲玉」、「雲石」、「綠玉」之名實考析〉〔註20〕等，均為翡翠研究者必參閱之重要文章。另外如朱秉鉞的《翡翠史話》〔註21〕，則是早期針對出土類翡翠文物之歷史性研究文獻，內容收集諸多翡翠出土資料，以深入佐證翡翠運用與發展的歷史，對於相關歷史脈絡同樣非常具有參考價值。

　　陳夏生以國立故宮珠寶飾物藏品為研究對象，於《故宮文物月刊》所發表的文章，包括第12期〈閒話數珠〉〔註22〕、第17期〈腰帶與腰飾〉〔註23〕、第34期〈嫩護玉蔥牙〉〔註24〕、第40期〈翡翠點翠集翠裘〉〔註25〕、第53期〈清代服飾溯源〉〔註26〕、第110期〈古代婦女的巾冠〉〔註27〕、第274期〈再談清代服飾中的朝珠與手串〉〔註28〕、第351期〈談清宮寶石應用文化〉〔註29〕，都是針對故宮珠寶類的藏品詳加分析用途和介紹其歷史

〔註17〕楊伯達，〈清宮舊藏翡翠器簡述〉，《故宮博物院院刊》，6（北京，2000），頁40～44、93～100。

〔註18〕楊伯達，〈從文獻記載考翡翠在中國流傳〉，《故宮博物院院刊》，2（北京，2002），頁12～24。

〔註19〕楊伯達，〈勐拱翡翠流傳沿革考〉，《中國歷史文物》，3（北京，2005），頁4～17。

〔註20〕楊伯達，〈「雲玉」、「雲石」、「綠玉」之名實考析〉，《故宮博物院院刊》，4（北京，2010），頁67～80、161。

〔註21〕朱秉鉞，《翡翠史話》（北京：紫京城出版社，1994）。

〔註22〕陳夏生，〈閒話數珠〉，《故宮文物月刊》，1：12＝12（台北，1984），頁34～38。

〔註23〕陳夏生，〈腰帶與腰飾〉，《故宮文物月刊》，2：5＝17（台北，1984），頁4～11。

〔註24〕陳夏生，〈嫩護玉蔥牙〉，《故宮文物月刊》，3：10＝34（台北，1986），頁33～37。

〔註25〕陳夏生，〈翡翠點翠集翠裘〉，《故宮博物院院刊》，4：4＝40（台北，1986），頁4～11。

〔註26〕陳夏生，〈清代服飾溯源〉，《故宮文物月刊》，5：5＝53（台北，1987），頁92～99。

〔註27〕陳夏生〈古代婦女的巾冠〉，《故宮文物月刊》，110（台北1992），頁14～17。

〔註28〕陳夏生，〈再談清代服飾中的朝珠與手串〉，《故宮文物月刊》，274（台北，2005），頁88～96。

〔註29〕陳夏生，〈談清宮寶石應用文化〉，《故宮文物月刊》，351（台北，2012），頁52～63。

背景，提供給筆者對這批翡翠藏品最直接的認識運用在本論文中，呈現這些清代翡翠裝飾用玉真實面貌，提供最直接的參考。

清代所留下宮廷內務府造辦處《各作成做活計清檔》，是對本篇論述中許多陳述最直接的應證，所以筆者查閱有關清代雍正～光緒期間有關翡翠玉器相關的《活計檔》來佐證。

筆者希望透過以上這些材料，針對目前收藏在故宮博物院中，這些清宮翡翠裝飾用玉為主，一探翡翠在清代的歷史發展，並了解翡翠在清代地位提升的成因。

第三節　研究方法與架構

此次筆者對翡翠研究之範圍，以清代的發展為時間主軸，透過清宮文獻與史料記載，整理翡翠作為飾品運用的歷史脈絡，以及其使用的途徑。並以清宮造辦處之文獻記載為依據，說明清朝宮廷對於翡翠之運用途徑與方法，並從中剖析翡翠之於當時的時尚觀念與重視地位。

實物資料則以國立故宮博物院，北京故宮博物院，以及瀋陽博物館等翡翠藏品為主，並藉以比對清代人物畫像，以反映清代審美流行之風格。而其相關文物圖片來源，則以國立故宮博物院所出版之相關刊物為主，其文章內容皆為研究員之深入論述，更可以體現文物的準確性。

本研究計畫自文獻整理為開端，以「國立故宮博物院」所出版的《故宮文物月刊》中相關清代翡翠之文物圖錄與研究為主，透過對於文物圖錄之整理，分析國立故宮博物院所藏之清代傳世翡翠等相關珠寶飾品，其工藝、形制與使用功能。並進一步與國內外大型博物館之翡翠圖錄或相關考古出土資料進行比較，以加深清代翡翠裝飾用玉之分析佐證。

除了圖錄的形制探討分析外，「翡翠」一詞在礦物學及文物研究上的時代背景與釋義，是為翡翠研究之基礎，掌握其科學性的定義，方能了解此類玉石在運用觀念上的轉變，並能強調工藝技法對於形塑翡翠玉石的困難與卓越。

爾後將針對所蒐集之文物圖錄與資訊，進行功能類型與藝術風格分析。在博物館與考古現場中，學者將不同館藏或出土文物進行分類，此方法有助於釐清該件標本在文物譜系中的位置。相同地，在諸多以「翡翠」命名的

文物中，透過將相近文物類型並置分類的過程，進而歸納出同時代的風格特徵，這樣的風格特徵具有內在的一致性與普遍性。風格乃是作為一個文化整體的某種表現，是其統一性的標準符號。〔註30〕筆者綜觀清代裝飾用品中的「翡翠」，可發現「男性」與「女性」在配戴翡翠飾物的形式特徵上，有著明顯可區別的特質，不同的翡翠飾物穿戴在人體的不同部位，且使用功能不會加以混用。因此本研究將以「男性翡翠飾物」與「女性翡翠飾物」作為大項分類，並於當中細分朝珠、扳指、翎管、帶鉤髮飾、手鐲、戒指、耳墜、佩子等使用功能類別，以進行型式要素的描述及其功能的分析，並以其流行風格、工藝表現與文本史料描述相互映證。

　　透過前述文獻爬梳與文物類型之分析，顯見「翡翠」的文化與藝術意涵在清代發生了轉變。筆者亦將詳述對於翡翠文化地位轉變之觀察，自翡翠得以由緬甸經雲南、廣東大量傳入中原，並由於慈禧太后對「翡翠」的情有獨鍾，個人喜好帶動了皇宮貴族及民間的潮流。爾後在 19 世紀的航海時代，藉由東西文化頻繁交流，又讓翡翠走向了國際的舞台，為珠寶設計領域增添了新的構思，並在 21 世紀全球的拍賣市中價格屢創新高，創造出翡翠獨有的價值。

　　各章節之安排結構呈現如下：

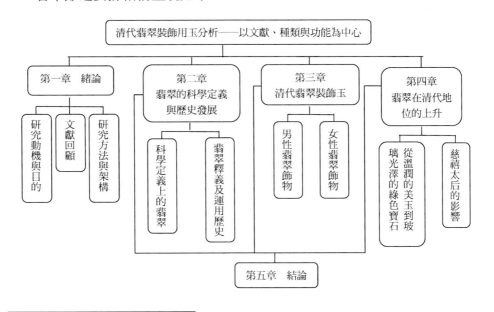

〔註30〕Donald Preziosi 主編，易英等譯，《藝術史的藝術：批評讀本》（上海：上海人民出版社，2015），頁 135。

第二章　翡翠的科學定義與歷史發展

第一節　科學定義上的翡翠

　　翡翠玉石並非中國境內之產物，主要產地位於緬甸國境，但在中國用玉的歷史也有數百年之久。起初並未受重視，直到了清代中後期，約 19 世紀間，因華人的喜愛，緬甸翡翠逐漸聲名大噪並遠播至全球。時至今日，21 世紀的翡翠交易市場依然活絡，質地佳、顏色亮麗、透度好的翡翠維持著稀貴的地位。另一方面，科技的進步也造就了翡翠在工藝製作上的便利與多樣化，不僅直接的增加翡翠的價值，也使得翡翠的運用與市場更加多元。除此之外，所有的寶石幾乎都有公定價格的機制，但是翡翠市場卻無所謂公訂價格，價格通常取決於賣家，要如何證實翡翠真實特性及辨識翡翠的品質和真偽，除了透過現有的科學工具去輔助證明外，更重要的仍需認識翡翠的基本構造及科學成份。

一、翡翠的產地與質地

　　翡翠礦床分佈的區域，大部分出現在地殼運動較強烈的地帶，〔註1〕經過數億年的區域變質作用而產生。〔註2〕產地除了眾所皆知的緬甸外，日本新瀉縣、蘇聯、美國加州、瓜地馬拉等地皆有生產翡翠玉石。〔註3〕但這些地區所

〔註1〕戴鑄明，《翡翠【鑑賞與選購】》（台北：迪藤出版社，2014），頁 74。
〔註2〕黎龍興，〈翡翠玉石鑑定與投資經營管理特訓班教材〉，頁 4。
〔註3〕戴鑄明，《翡翠【鑑賞與選購】》，頁 74。

產的翡翠原石，品質與產量遠遠不及緬甸產的翡翠品質。不管在顏色或是透明度，緬甸可說是目前唯一生產寶石級翡翠的礦區，〔註4〕也是目前全世界珠寶翡翠用玉的主要產區。根據胡瑛〈國內翡翠市場分析〉之研究，自20世紀90年代以來，中國珠寶市場翡翠每年以20%~30%銷量遞增，緬甸所產的翡翠原石90%流入華人地區。近年來中國人均所得增加快速，高檔的翡翠幾乎都進入了中國市場。〔註5〕

圖1：翡翠產地

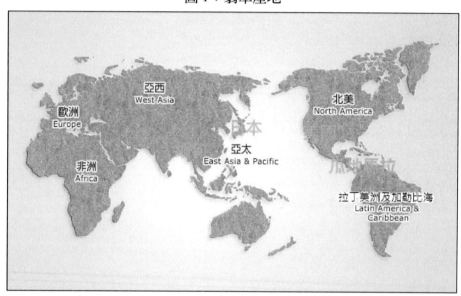

圖片來源：中華民國外交部駐外館處 https://www.boca.gov.tw/mp-1.html，

筆者註記，點閱時間：2020/03/03。

而緬甸的翡翠原石產區，主要位於緬甸北部的霧露河流域兩岸，親墩江和伊洛瓦底江分水嶺一帶。〔註6〕地質構造介於印度板塊與歐亞板塊相碰撞的東部，因而在雲南及緬甸北部地區，形成一條弧形的雅魯布江縫合線，此條縫合線沿伊洛瓦底江呈南北走向。它的東側是高黎供山摩谷高溫低壓變質帶，為著名的紅寶石礦區，西側是低溫高壓變質帶，分佈著大量的藍閃石岩片，而緬甸北部的翡翠礦區就分佈在這變質帶中。〔註7〕

〔註4〕胡全芳，《東方之寶翡翠祕笈》（台北，淑馨出版社，1997），頁12。
〔註5〕胡瑛，〈國內翡翠市場分析〉，《資源與產業》，4（北京，2006），頁55。
〔註6〕楊伯達，〈勐拱翡翠流傳沿革考〉，《中國歷史文物》，3（北京，2005），頁4。
〔註7〕朱秉鉞，《翡翠史話》，頁10。

圖 2：緬甸翡翠分佈地圖

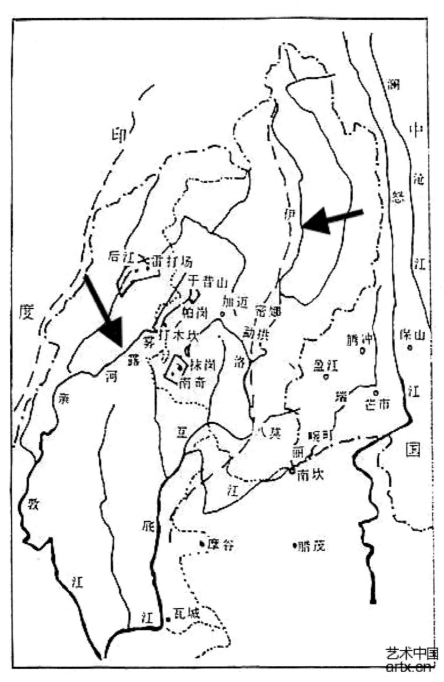

圖片來源：翡翠北部礦區地圖 http://www.feicuishuo.com/thread-5-1-1.html，筆者註記，

點閱時間：2020/03/03

其中，緬甸的老礦區位於帕敢地區的勐拱、勐密等地，明清時期曾是「滇省藩籬」，明代政府曾封贈當地管轄土司稱號。〔註8〕明正統1427後大批華僑進入的勐拱開採挖掘，所生產的翡翠大多由騰沖為首的雲南人開發，騰沖在明朝後已經有了翡翠加工工作坊或加工成品，或將原料輸入中國地區。〔註9〕

中國境內有不少的地方都產玉，文獻裡亦記載著或冠以產地為名稱，或依其特性區分，如新疆和闐所產的玉稱之「和闐玉」，皆屬此類冠名。若從地質學、礦物學的觀念來為玉命名，則開始於19世紀後半期的歐洲。〔註10〕1863年法國地質學家德慕爾（Alexis Damour）〔註11〕，以當時英、法聯軍侵略圓明園所掠奪的和闐玉器和翡翠玉器為標本，從地質學、礦物學的科學角度去做檢測，並將其比重、硬度、化學成分、屬性等化驗結果公諸於世，結論是中國的玉器有二種不同的礦物組成，一種為「閃石類」如新疆所產的和闐玉，一種為緬甸輸入中國的「輝石類」翡翠，並以兩種玉的不同硬度稱和闐玉為「軟玉」（Nephrite），翡翠為「硬玉」（Jadeite），軟玉的摩式硬度為6～6.5，硬玉的摩式硬度為6.5～7。〔註12〕

圖3：國立故宮博物院所藏翡翠原石

圖片來源：筆者拍攝

〔註8〕徐琳，〈翠華玉意兩逢迎——清代宮廷中的翡翠〉，《紫禁城》，5（北京，2018），頁79。

〔註9〕馬羅剛、蔡漢倫〈翡翠溯源〉，《雲南地質》，Z1（昆明，1998），頁411。

〔註10〕蔣任華、陳葆章、唐延齡，《中國和闐玉》（香港，新疆人民出版社，1994），頁3。

〔註11〕朱倖誼，《寶石珍賞誌》（台北：積木文化，2003），頁114。

〔註12〕蔣任華、陳葆章、唐延齡，《中國和闐玉》，頁9。

近年來台灣大學地質系教授譚立平先生，提出對 Nephrite 和 Jadeite，翻譯成軟玉和硬玉有不同的意見，[註13] 建議依其礦物屬性稱 Nephrite 為「閃玉」稱 Nephrite 為「輝玉」。[註14] 國內許多研究翡翠學者都用此稱和闐玉和翡翠玉。

二、翡翠的特性

閃石類的「和闐玉」（Nephrite）和輝石類的「翡翠玉」（Jadeite），都是屬於玉石類。兩者相同之處在於其相似的外表，大都呈現半透明，具極優的韌性，拋光打磨後都呈現溫潤的光澤。差異性則在礦物學上分屬不同的礦物種屬，各有其不同的結晶構造、化學成分和物理特性。[註15]

翡翠屬於輝石類為變質岩礦物，[註16] 其物理特性：模氏質硬度為 6.5～7 度，折射率為 1.654~1.667，比重 3.33。[註17]

翡翠本身是一種多晶集合體結合以鈉鋁輝石為主，[註18] 主要的化學成分為鈉鋁矽酸鹽，化學式為 $NaAISi_2O_6$。[註19] 也因其礦物組成與化學成分的物理變化，使得翡翠富有豐富的色彩面貌 [註20]，例如：輝玉若含有微量的鉻成分，會出現鮮明的綠色；當石隙間沁入鐵離子和鈦、錳等成分，則將使輝玉同時出現綠、褐紅、紅褐或泛紫的顏色。[註21] 翡翠之名的由來另一種說法，也是因為輝玉中的翡（紅色）與翠（綠色）的色彩呈現而得名。[註22]

翡翠常見的顏色有紅、綠、白、紫、黃、黑等顏色，其中綠色變化最大。[註23] 大部分的顏色都單獨存在，部分也會同時存在一塊硬玉上面。翡翠如

〔註13〕鄧淑蘋，〈玉的鑑定八法〉，《故宮文物月刊》，3：3＝27（台北，1985），頁87。
〔註14〕黎龍興，〈翡翠玉石鑑定與投資經營管理特訓班教材〉，頁4。
〔註15〕鄧淑蘋，〈玉的鑑定八法〉，《故宮文物月刊》，3：3＝27（台北，1985），頁87。
〔註16〕李英豪，《保值翠玉》，頁4。
〔註17〕黎龍興，〈翡翠玉石鑑定與投資經營管理特訓班教材〉，頁1。
〔註18〕歐陽秋眉，《翡翠選購》（香港：天地圖書有限公司，1998），頁11。
〔註19〕朱倖誼，《寶石珍賞誌》（台北：積木文化，2003），頁116。
〔註20〕李英豪，《保值翠玉》，頁4。
〔註21〕陳夏生，《溯古話今談故宮珠寶》（台北：國立故宮博物院，2013），頁200。
〔註22〕李英豪，《保值翠玉》，頁4。
〔註23〕歐陽秋眉，《翡翠選購》，頁11。

同時擁有紅色（福）綠色（祿）白色（壽）三色，珠寶市場稱之為三彩（福祿壽）〔註24〕；若同時出紅色（福）綠色（祿）白色（壽）紫（喜）四種顏色，則稱為（福祿壽喜）。〔註25〕

三、翡翠的品質分類

　　翡翠因顏色呈現多樣面貌，其結構不同也會改變其密度產生多種性，因此在珠寶市場上對於翡翠的分類，通常以「色」和「種」來區分，比較容易認識和辨認，也因此標準鑑定其價值。

　　若是以「色」對翡翠玉石進行分類，可以分為：老坑（正綠色，顏色濃度夠，鮮豔均勻）、金絲種（綠色呈絲狀分佈）、白底青（鮮豔的綠色襯在白的翡翠之上）、芙蓉種（介於透明和不透明之間的淡綠色）、豆種（顏色呈顆粒點分布在玉石中）、花青（顏色呈脈狀不規則於玉石中）、油清（表面具油狀光澤，顏色較為沈悶）、乾青（顏色綠，質地乾不透明）、鐵龍生（內部的納鉻輝石含量比翡翠高）、紫羅蘭（紫色的翡翠）、紅翡（顏色偏向紅棕色的翡翠）、蜜糖（黃、橙黃至黃褐色的翡翠）、福祿壽（紅、綠、紫三色）、福祿壽喜（紅、綠、紫、白四色）、五福臨門（紅、綠、紫、白、黃五色）。〔註26〕

　　而所謂的「種」是指翡翠質地的層級，是從翡翠的結構細密程度進行判斷區分，珠寶市場常見的分類，主要有：玻璃種（質地最好，細緻透澈如玻璃般）、冰種（質地如冰晶瑩，透度佳）、冬瓜囊種（半透明質地，但無法如冰種晶瑩剔透）、豆種（結晶顆粒較粗）。〔註27〕

四、翡翠的人工處理

　　翡翠玉石在現今的珠寶市場價格非凡，所以商人為了利益常用較為劣質便宜並近似翡翠色澤的玉石材質，或其他的材料來偽裝成翡翠。但是這類仿製品，目前多已可經由儀器測量判別，透過科學性的比重及折射率，正確分辨出翡翠的物理特性，而其根本判斷依據，則以天然翡翠屬於輝石類，為變質岩礦物，〔註28〕其他石質替代品，則在元素結構或是化學物理等特性上，

〔註24〕歐陽秋眉，《翡翠選購》，頁110。
〔註25〕朱倖誼，《寶石珍賞誌》，頁121。
〔註26〕朱倖誼，《寶石珍賞誌》，頁119。
〔註27〕朱倖誼，《寶石珍賞誌》，頁121。
〔註28〕李英豪，《保值翠玉》，頁4。

皆有所差異。

　　這類的替代品，多是不良商人為冒充名貴的翠綠色翡翠而替換之，因此其色澤仍是以綠色居多。珠寶市場上常見與翡翠類似的替代品有如下幾種，包含了：軟玉（和闐玉）、蛇紋石（岫岩玉）、玻璃、澳洲玉（綠玉髓）、東陵玉（耀石英）、染色玉髓（馬來玉）、水鈣鋁榴石（非洲玉）。〔註29〕

　　除了利用常見的以上仿製材料來偽裝成真正的翡翠，也有人把將品質不佳，透度不良的翡翠玉石，經過人為的加工，使其顏色呈現鮮綠並增添其光澤度，用以蒙騙消費者來增加市場價格。

　　因此若從鑑別真偽的角度來看，目前的珠寶界皆以成份分析的科學角度，將翡翠分為 A 貨、B 貨、C 貨、B＋C 貨、D 貨，〔註30〕各分述如下：

　　A 貨：質地和顏色都是純天然的，沒有經過人工漂白、灌膠處理，或染色的天然翡翠。〔註31〕

　　B 貨：品質較差的翡翠經過人工酸洗去黃與灌膠處理，但顏色仍是天然無人為加工的翡翠。〔註32〕

　　C 貨：質地還是屬於天然翡翠，但顏色外表不討喜，有經過人工染色、致色處理。〔註33〕

　　B＋C 貨：同時具有 B 和 C

　　D 貨：以外觀類似翡翠但價格較低的礦石，用以仿冒成天然高品質的翡翠，例如：天然的寶石綠色東菱石（耀石英），也可能是染色處理的寶石，例如：染色石英（馬來玉）。〔註34〕

　　目前市場上的翡翠玉石，若品質佳、透度好、顏色鮮綠，其價格相對不菲。在奇貨可居的心理條件下，市場的需求量也大，所以要購買之前除了要尋求信用良好的珠寶公司，目前均可透過有公信力的珠寶玉石鑑定公司開具鑑定書以證實物件的真實性。

〔註29〕歐陽秋眉，《翡翠選購》，頁 24。
〔註30〕戴鑄明，《翡翠【鑑賞與選購】》，124 頁。
〔註31〕黎龍興，〈翡翠玉石鑑定與投資經營管理特訓班教材〉，頁 8。
〔註32〕黎龍興，〈翡翠玉石鑑定與投資經營管理特訓班教材〉，頁 9。
〔註33〕黎龍興，〈翡翠玉石鑑定與投資經營管理特訓班教材〉，頁 15。
〔註34〕黎龍興，〈翡翠玉石鑑定與投資經營管理特訓班教材〉，頁 28。

圖4：香港玉石鑑定中心有限公司翡翠鑑定書

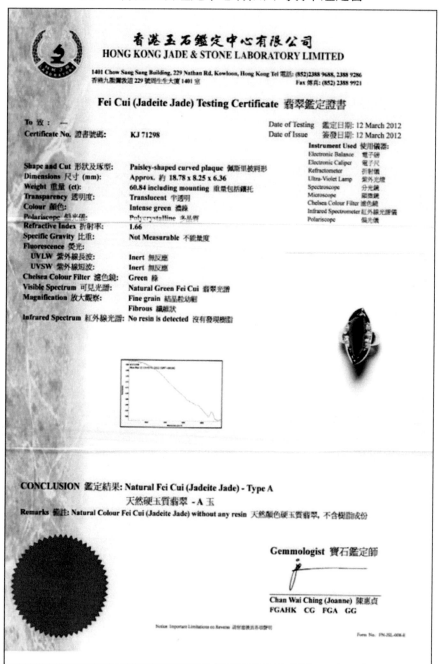

圖片來源：筆者提供

　　透過鑑定書得到鑑定結果：天然硬玉翡翠 A 玉。表示此物件為未經過人為處理的天然翡翠。

第二節　翡翠釋義及運用歷史

翡翠乃玉石的一種，礦物學上稱為「輝玉」，﹝註35﹞為翡翠玉石現今的專稱。清代以前翡翠玉石出土的資料甚少，但並不表示翡翠的產量及成品為數不多。早於春秋時期文獻中即出現過「翡翠」這個名詞，只是當時指的並不是玉石類，而是一種鳥類的名稱，由此看出，翡翠在中國歷史上代表著兩種不同的含意。

一、翡翠名詞由來

從中華文字的字形來看，「翡翠」二字從羽字旁而不是從玉旁，可知翡翠文字開始所指稱的是鳥類，﹝註36﹞春秋時期師曠《禽經》晉·張華﹝註﹞云：「背有采羽曰翡翠；狀如鳹鶵，而色正碧、鮮縟可愛，飲啄於澄瀾洄淵之側，尤惜其羽，日濯於水中，今王公之家以為婦人首飾，其羽值千金」﹝註37﹞，漢朝許慎的《說文解字》關於「翡」「翠」二字一詞，也從「羽」部，﹝註38﹞並釋為鳥名：「翡：赤羽雀也，出鬱林，從羽非聲，房未切。翠：青羽雀也，出鬱林，從羽卒聲，七醉切」。﹝註39﹞

透過史料記載，漢代的鬱林郡（今廣西省），即生有一鳥名為「翡翠」。此鳥有兩種顏色，雄鳥為紅色稱之為「翡」，雌鳥為綠色的稱為「翠」，這種鳥類的紅、綠二色極為豔麗。在當時翠鳥的羽毛極其珍貴，人們常將其羽毛用於高級的裝飾用品，價值千金。﹝註40﹞而緬甸玉石則因為顏色與翡翠鳥一般豐富，被後世以翡翠為名稱之，﹝註41﹞久而久之，翡翠成為了緬甸玉的專屬名稱。

參考（圖5）清乾隆時期宮廷畫家余省、張為邦合繪，仿雍正前朝畫家

﹝註35﹞古方，《中國古玉器圖典》（北京：文物出版社，2007），頁24。
﹝註36﹞陳夏生，〈翡翠點翠集翠裘〉，《故宮博物院院刊》，4：4＝40（台北，1986），頁5。
﹝註37﹞（晉）張華撰，〈格致叢書第十冊師曠禽經〉，《錢塘胡氏刊本》，明萬曆三十一年（1631），頁6。
﹝註38﹞徐琳，〈翠華玉意兩逢迎——清代宮廷中的翡翠〉，《紫禁城》，5（北京，2018），頁79。
﹝註39﹞（漢）許慎，〈說文解字〉，《明末虞山毛氏汲古閣刊清初修補本》，頁130。
﹝註40﹞徐琳，〈翠華玉意兩逢迎——清代宮廷中的翡翠〉，《紫禁城》，5（北京，2018），頁79。
﹝註41﹞朱秉鉞，《翡翠史話》，頁2。

蔣廷錫鳥譜圖冊之「南翠」，便可觀看出翠鳥羽毛如同翡翠玉石一般色彩豐富。

圖 5：清・余省、張為邦合繪，仿蔣廷錫鳥譜圖冊之「南翠」，絹本設色

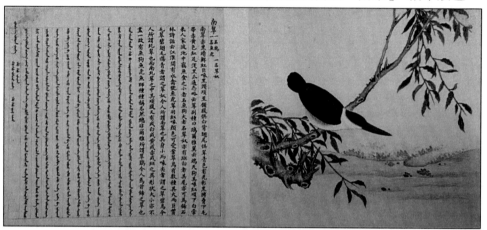

北京故宮博物院藏。圖片來源：《紫禁城》，5（北京，2018），頁 55。

二、翡翠在中國的發展

發展國內外諸多學者在探討翡翠進入中國的時間點都有不同的說法，筆者查閱近代學者的研究發現，從以下參考文獻有跡可循，可以說明翡翠進入中國，並被運用的時間點。

（一）唐 代

林梅村〈珠寶藝術與中外文化交流〉文章中，透過史書《舊唐書・韋堅傳》內文記載，〔註42〕說明緬甸翡翠大約在唐代就進入中國：

> 天寶元年（742）三月，擢為陝郡太守、水路轉運使。自西漢及隋，有運渠自關門西抵長安，以通山東租賦。奏請於咸陽擁渭水作興成堰，截灞、滻水傍渭東注，至關西永豐倉下與渭合。於長安城東九里樂坡下、滻水之上架苑牆，東面有望春樓，樓下穿廣運潭以通舟楫，二年有成。堅預於東京、汴、宋取小斛底船三二百隻置於潭側，其船皆署牌表之。若廣陵郡船，即於袱背上堆積廣陵所出錦、鏡、銅器、海味；丹陽郡船，即京口綾衫段；晉陵郡船，

〔註42〕林梅村，〈珠寶藝術與中外文化交流〉，《考古與文物期刊》，1（西安，2014），頁 77。

即折造官端綾繡，會稽郡船，即銅器、羅、吳綾、絳紗；南海郡船，
即瑇瑁、真珠、象牙、沈香；豫章郡船，即名瓷、酒器、茶釜、茶
鐺、茶碗；宣城郡船，即空青石、紙筆、黃連；始安郡船，即蕉葛、
蚺蛇膽、翡翠。船中皆有米，吳郡即三破糯米、方丈綾。凡數十郡。
駕船人皆大笠子、寬袖衫、芒屨，如吳、楚之制。〔註43〕

　　文內所述之始安郡，在唐代稱之為桂州（今廣西桂林），而廣西鄰近雲南，交通隨著隋唐時期的大興運河流域拓展，唐代以後南方的經濟發展迅速，產物交流頻繁。〔註44〕

　　雖然到了19世紀中期，翡翠玉石已開始通過水路從曼德勒（今緬甸第二大城）運到廣州，再由廣州北上到蘇州和北京。〔註45〕但筆者認為《舊唐書·韋堅傳》中所紀錄始安郡船上的蕉葛、蚺蛇膽均為動、植物商品，因此當時所載之翡翠並無法確認一定為玉石，也即有可能指的是翡翠鳥。所以用此論述說明緬甸翡翠約在唐代就進入中國此一說法，筆者認為還有待其它更明確的資料佐證。

（二）宋　代

　　翡翠進入宋代後，明確的文獻印證了它玉石的特性，在諸多玉器中硬玉的材質相對堅硬。〔註46〕北宋史料歐陽修的《歸田錄》卷二記載：

余（指歐陽修）家有一玉罌，形制甚古而精巧，始得之，梅聖俞以
為碧玉。在穎州時，嘗以示僚屬，座有兵馬鈐轄鄧保吉者，真宗朝
老內臣也，識之，曰：此寶器也，謂之翡翠。云禁中寶物皆藏宜聖
庫，庫中有翡翠盞一只，所以識也。公偶以金環磨於罌腹，金屑紛
紛而落，始知翡翠之能屑金也。〔註47〕

〔註43〕後晉·劉昫等《舊唐書 109 卷一百零五列傳第五十五》。籍海淘浪網站，
　　　　https://www.slideshare.net/helloiac/109-120979586，點閱時間：2020/07/19。
〔註44〕林梅村，〈珠寶藝術與中外文化交流〉，《考古與文物期刊》，1（西安，2014），
　　　　頁77。
〔註45〕邱志力、吳沫、孟增璐、王學琳，〈清代翡翠玉文化形成探釋〉，《中山大學學
　　　　報》（社會科學版），1：47＝5（廣州，2007），頁48。
〔註46〕林梅村，〈珠寶藝術與中外文化交流〉，《考古與文物期刊》，1（西安，2014），
　　　　頁78。
〔註47〕說郛_（四庫全書本）/ 全覽3。維基文庫，https://zh.wikisource.org/wiki/，點
　　　　閱時間 2020/07/19。

　　根據《歸田錄》這段記載可知，宋代「翡翠」名詞已用來稱一種碧綠色的玉。文中說明當時從玉器的外觀、光澤度及硬度，發現與常見的碧綠色閃玉不同，因顏色光澤如翡翠鳥一般亮麗，故稱作「翡翠」。〔註48〕只是當時翡翠在北宋時期可能還不普及，所以被視為稀有的寶器而顯得彌足珍貴。

圖6：隋唐河運地圖

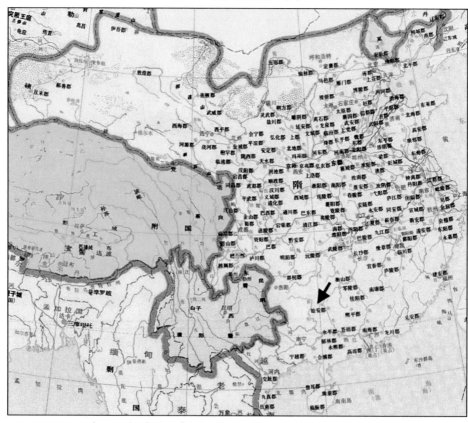

圖片來源：譚其驤，《中國歷史地圖集》第五冊，頁32～33。

（三）明　代

　　明代時期中國到緬甸的交通更為暢通，交流也更為擴大，楊伯達〈勐拱翡翠流傳沿革考〉分析翡翠傳入中國的時間點，引述夏光甫在《中印緬交通史》中提到：

> 明正統後的一百數十年間，統治階級直接控制開採，經營玉器場，大批華僑遷入孟拱開採挖掘，使得騰越邊區的玉石業繁榮。此為

〔註48〕鄧淑蘋，〈談翡翠〉，《故宮文物月刊》，2：3＝15（台北，1984），頁90。

「明正統說」也就是自 1436 年起採運使用翡翠的說法。〔註49〕

　　除此之外，部分學者在翡翠歷史研究亦會引用明代史料《徐霞客遊記》，來證實當時緬甸翡翠的交易狀況。徐霞客為明代著名的地理、文學家和旅行家，其一生縱遊天下，足跡遍佈中國許多地方，所到之處都將所見所聞，觀察紀錄寫成遊記，其中包括了遊歷雲南騰沖時發現翡翠並對其具體觀察所見留下紀錄。〔註50〕

　　徐霞客本人並沒有到過緬甸，但《遊記》中記載了明崇禎十一年到十二年（1638~1639）遊歷雲南的情況。〔註51〕遊記內容對緬甸北部的山脈、水系、通道詳細記載並說明，可見當時雲南與緬甸的交往已經十分頻繁，資訊上也非常透明，既使他本人從未到過緬甸，卻對當地的狀況非常了解。〔註52〕

　　《遊記》中描述到，徐霞客在騰沖遊歷時當地有一好友潘一桂：「潘生一桂雖青衿，而走緬甸，家多緬貨」，〔註53〕當時潘一桂送給他兩塊翠生石，一塊白綠相間，一塊全翠綠，但是水頭不佳。徐霞客將之攜至保山（永昌府）後，加工碾成印池二方、杯子二個，碾價為一兩五錢，並表示加工的工錢比買毛料的價格還高。內文詳細紀錄當時的交易、加工技巧及加工的工資如何計價。〔註54〕

　　所謂的「翠生石」，一種為白地綠斑，一種通身都是綠色，其翠色分布的狀態，合乎輝玉的特徵。〔註55〕《遊記》中亦有「翠生石」（即翡翠原石）的說法，說明當時已經把此玉稱為翡翠。〔註56〕此遊記印證了明朝末年，翡翠從緬甸經由雲南進入中國後，在滇西地區存在了當時被稱為「翠生石」的翡翠貿易、加工以及鑑賞等民間情況。〔註57〕

〔註49〕楊伯達，〈勐拱翡翠流傳沿革考〉，《中國歷史文物》，3（北京，2005），頁 5。

〔註50〕馬羅剛、蔡漢倫〈翡翠溯源〉，《雲南地質》，Z1（昆明，1998），頁 412。

〔註51〕馬羅剛、蔡漢倫〈翡翠溯源〉，《雲南地質》，Z1（昆明，1998），頁 412。

〔註52〕楊伯達，〈清宮舊藏翡翠器簡述〉，《故宮博物院院刊》，6（北京，2000），頁 41。

〔註53〕朱惠榮，《徐霞客遊記校注，第二卷》，頁 1106。Google 電子圖書，https://books.google.com.tw/books，點閱時間 2020/07/19。

〔註54〕楊伯達，〈從文獻記載考翡翠在中國流傳〉，《故宮博物院院刊》，2（北京，2002），頁 13。

〔註55〕楊伯達，〈勐拱翡翠流傳沿革考〉，《中國歷史文物》，3（北京，2005），頁 12。

〔註56〕馬羅剛、蔡漢倫〈翡翠溯源〉，《雲南地質》，Z1（昆明，1998），頁 412。

〔註57〕王春云，〈有關翡翠輸入中國傳說的考證與科學性分析〉，《珠寶科技》，2（桂林，2003），頁 46。

翡翠作為珠寶的一部份在明朝當時的冠服制度中就已經存在，〔註 58〕根據《明史‧輿服志》文中記載：

> 皇后冠服，洪武三年定，受冊、謁廟、朝會，服禮服。其冠，圓匡冒以翡翠，上飾九龍四鳳，大花十二樹，小花數如之。〔註 59〕皇后常服：洪武三年定，雙鳳翊龍冠，首飾、釧鐲用金玉、珠寶、翡翠。〔註 60〕

說明當時皇室已經將翡翠當作貴重的珠寶首飾。文中雖然有將翡翠列入皇后常服佩戴首飾之中，但是根據明代定陵出土物件以原物複製的鳳冠來看，上面裝飾的都是珍珠、寶石、和點翠並沒有裝飾翡翠。〔註 61〕可能當時滇緬所產的翡翠進貢給中國的數量可能還不是太多，〔註 62〕連皇宮貴族的陪葬品都不一定會使用翡翠。

（四）清　代

做為貢品的翡翠，於清初進入宮廷，宮內對它的稱呼仍是「永昌碧玉」或是「雲南玉」，乾隆中後期，中央對新疆一帶控制力減弱，和闐上貢玉石之物減少，緬甸玉逐漸受到重視，翡翠才逐漸佔有相當的地份及份量。〔註 63〕

翡翠在清代的發展歷史透過清宮檔案可以一探究竟。當翡翠進入清代宮庭之中，在其用詞上一直無法定位，初期也只是被稱做石而非玉。〔註 64〕據《清宮內務府造辦處各作成做活計清檔》載：

> 雍正五年二月十三，御前太監王太平、劉希文、王守貴交來：松珠石三十八個重一兩五錢、松石珠四十六個重一兩三錢五分、……紅瑪瑙數珠三串內一串隨白瑪瑙佛頭四個、五福石數珠一串計九十六個、菜石數珠一串、砷磲數珠一串、穗子數珠一串菩提佛頭一件、

〔註 58〕朱秉鉞，《翡翠史話》，頁 7。

〔註 59〕張廷玉，《明史，第 5～8 卷》。Google 電子圖書，https://books.google.com.tw/books，點閱時間 2020/07/19。

〔註 60〕《二十四史：明史》，頁 1084。Google 電子圖書，https://books.google.com.tw/books，點閱時間 2020/07/19。

〔註 61〕朱秉鉞，《翡翠史話》，頁 7。

〔註 62〕鄧淑蘋，〈談翡翠〉，《故宮文物月刊》，2：3＝15（台北，1984），頁 91。

〔註 63〕許淨瞳，〈古代文獻中的「翡翠」辯疑〉，《陝西理工學院學報》，（社會科學版）2015 年 2 月第 33 卷第 1 期，頁 73。

〔註 64〕徐琳，〈翠華玉意兩逢迎——清代宮廷中的翡翠〉，《紫禁城》，5（北京，2018），頁 81。

翡翠石數珠一串，假避風石數珠一串以上九串無裝嚴。〔註65〕

　　這裡所說的翡翠石應為尚未雕琢的翡翠原石，當時的翡翠石可能都當做原料，未經琢磨整塊進到宮中，當作庫存收著等待有需用時再取出加工。〔註66〕

　　雍正七年七月二十一日，據圓明園來帖，內稱本月十六日太監張玉柱、王常貴交來：翡翠石大小八塊、紅白荊州瑪瑙大小四塊，傳旨著交造辦處收貯，有用處用，欽此。〔註67〕

　　相隔三個多月後的檔案記載著此翡翠石及瑪瑙，奉旨傳做相關物件備用：〔註68〕

　　雍正七年十月初九日，郎中海望，員外郎滿毗傳做備用：象牙松鹿背格一件、牛油石雙喜墨床一件、牛油石雙圓香碟一件、瑪瑙佛手式水盛一件、瑪瑙松椿花差一件、翡翠石荷葉式筆洗一件，記此。〔註69〕

　　根據徐琳〈翠華玉意兩逢迎──清代宮廷中的翡翠〉的說明，唯一直呼翡翠之名的記載是始於雍正末年時期：〔註70〕

　　雍正十年二月十五日，首領太監李久明來說，太監滄洲交：霽紅瓶二件，翡翠瓶一件，傳旨著配座子，欽此。〔註71〕

　　雍正期間的檔案也常見到翡翠常被稱為「雲產石」。「雲產石」指的是雲南產的石頭，都是指翡翠。〔註72〕

〔註65〕國立故宮博物院圖書文獻館《雍正年間各作成做活計清檔》，064-476-556～064-477-556。

〔註66〕徐琳，〈翠華玉意兩逢迎──清代宮廷中的翡翠〉，《紫禁城》，5（北京，2018），頁81。

〔註67〕國立故宮博物院圖書文獻館《雍正年間各作成做活計清檔》，068-71-586～068-72-586。

〔註68〕徐琳，〈翠華玉意兩逢迎──清代宮廷中的翡翠〉，《紫禁城》，5（北京，2018），頁81。

〔註69〕國立故宮博物院圖書文獻館《雍正年間各作成做活計清檔》，067-285-587～067-286-587。

〔註70〕徐琳，〈翠華玉意兩逢迎──清代宮廷中的翡翠〉，《紫禁城》，5（北京，2018），頁81。

〔註71〕國立故宮博物院圖書文獻館《雍正年間各作成做活計清檔》，071-572-573。

〔註72〕趙桂玲，〈故宮舊藏「雲產石」釋疑〉，《故宮博物院院刊》，4（北京，2010），頁85。

到了雍正後期在檔案中發現，幾乎每年都有進貢、收購翡翠，而且基本為各色數珠，數量也多。如雍正十二年檔案中記載：

雍正十二年十月二十日，首領太監薩穆哈說，太監高玉、王常貴交：碧玉一塊、紅色雲產石數珠十盤、綠色雲產石數珠十盤、白色雲產石數珠十盤、淡紅色雲產石數珠十盤，係雲南總督尹繼善進，傳旨：碧玉交造辦處，再雲產石數珠四十盤著配做朝珠裝嚴，其金黃辮子不必做可將鵝黃辮子的少做些，其餘俱配做藍辮子裝嚴，欽此。〔註73〕

內文「雲產石」色多達數種，從顏色來看也反映了翡翠中會存在的紅色、綠色及白色各種顏色的翡翠。〔註74〕

雍正十一年（1733）到乾隆四十一年（1775）這42年之中，滇省（雲南省）地方官從們進貢的物品，習慣將翡翠冠以雲南地方名稱，如「永昌碧玉」、「雲玉」、「滇玉」等。〔註75〕

永昌是現在的雲南保山，據離騰沖及緬甸的密支那非常近，是清代翡翠的集散地及製作加工地。〔註76〕由於翡翠是從雲南進貢而來，因此當時人們習慣將貢奉或購自永昌的水晶、菜玉、墨玉、寶石等，都稱來自永昌，但其來源很多都來自緬甸土邦，而永昌碧玉也不例外，也是來自緬甸。〔註77〕所以當時的雲南總督、雲南巡撫只是將緬甸出產的翡翠更名為「永昌碧玉」、「雲玉」、「滇玉」成為本省產品，做為當地土產進貢的含義。〔註78〕

這樣的現象，也可從乾隆時期一直到清末，「翡翠」在雲南的貢品中，被稱為「永昌玉」、「雲南玉」、「雲玉」、「滇玉」等多種的地方用詞可以看出。〔註79〕如：

乾隆十八年正月初九，首領程斌交：珊瑚朝珠一盤、……紅雲產石

〔註73〕國立故宮博物院圖書文獻館《雍正年間各作成做活計清檔》，071-190-553。
〔註74〕趙桂玲，〈故宮舊藏「雲產石」釋疑〉，《故宮博物院院刊》，4（北京，2010），頁82。
〔註75〕楊伯達，〈勐拱翡翠流傳沿革考〉，《中國歷史文物》，3（北京，2005），頁15。
〔註76〕徐琳，〈翠華玉意兩逢迎——清代宮廷中的翡翠〉，《紫禁城》，5（北京，2018），頁84。
〔註77〕楊伯達，〈勐拱翡翠流傳沿革考〉，《中國歷史文物》，3（北京，2005），頁13。
〔註78〕楊伯達，〈「雲玉」、「雲石」、「綠玉」之名實考析〉，《故宮博物院院刊》，4（北京，2010），頁69。
〔註79〕楊伯達，〈勐拱翡翠流傳沿革考〉，《中國歷史文物》，3（北京，2005），頁15。

朝珠一盤、白雲產石朝珠一盤、紫雲產石朝珠一盤……永昌玉朝珠
一盤……，傳旨：著收拾好，俱另換鵝黃辮，欽此。〔註80〕

乾隆十九年四月十五日，賞准噶爾來使：如意玻璃瓷器等件，奉旨
著帶往熱河賞用欽此，賞准噶爾來使物件計開，雲南玉如意二柄、
青花白地碗…。〔註81〕

乾隆四十一年十二月二十一日，雲貴總督圖思德進貢的貢品中，奉
旨駁出的有：「滇玉太平有象花樽、滇玉雙耳瓶、滇玉靈芝花插、滇
玉荷葉洗、滇玉松柏靈芝筆筒，滇玉水盛、霞洗、筆架、鏡嵌、滇
玉扁盒……本日交內務府大臣今檢交伊差人領去，記。〔註82〕

　　乾隆後期將緬甸玉稱為「翡翠」或「翠玉」，並時常出現在清宮廷造辦處
的各項檔案，以及天津、江蘇等其他省份進貢的名單中。如：

乾隆四十五年四月二十九日江蘇巡撫吳壇進翡翠花觚一件、乾隆五
十九年三月二十四日准關監督盛住進貢翡翠四喜瓶一件、三月二十
七日福建巡撫浦霖差貢翡翠煙壺九件、六月初三兩准鹽政董椿差家
人孫喜進貢翡翠碗一對、七月二十日兩廣總督長麟差把總陳本義進
貢玉翡翠洗一件。〔註83〕

　　翡翠在清宮的檔案記載中，還有另一種稱呼為「綠玉」，乃當時內廷太監
衙役所用的翡翠別稱。綠玉主要是以顏色命名的玉材，而翡翠因其色澤大多
為綠色所以宮中內廷記載也稱之為「綠玉」。〔註84〕

　　透過《造辦處各作成做活計清檔》中也記載多件有關「綠玉」成做、修
繕的紀錄（圖7）：

咸豐三年十二月十九日，員外郎烏爾恭布太監鄧福來來說太監金環
交白玉搬指樣一件，綠玉搬指三件，傳旨：將綠玉搬指三件照白玉

〔註80〕國立故宮博物院圖書文獻館《乾隆年間各作成做活計清檔》，Box-No96 P.270
　　　　～Box-No96 P.271。

〔註81〕國立故宮博物院圖書文獻館《乾隆年間各作成做活計清檔》，Box-No96
　　　　P.330。

〔註82〕徐琳，〈翠華玉意兩逢迎──清代宮廷中的翡翠〉，《紫禁城》，5（北京，2018），
　　　　頁84。

〔註83〕徐琳，〈翠華玉意兩逢迎──清代宮廷中的翡翠〉，《紫禁城》，5（北京，2018），
　　　　頁85。

〔註84〕楊伯達，〈「雲玉」、「雲石」、「綠玉」之名實考析〉，《故宮博物院院刊》，4（北
　　　　京，2010），頁67。

搬指圈口鍍安全裡，欽此。〔註85〕

查看造辦處的檔案也常利用綠玉與其他材質的物件搭在一起使用：

咸豐五年八月十八日，庫掌百慶太監趙來祿來說內太監金環交：綠
玉煙壺蓋一件，珠子烟壺蓋一件，傳旨：將綠玉烟壺蓋安在珠子蓋
烟匙而上，欽此。〔註86〕

這裡的綠玉朝珠已經是先前的物件，取出整理後修舊見新。

圖 7：《咸豐年間各作成做活計清檔》，BOX-No031-98-565

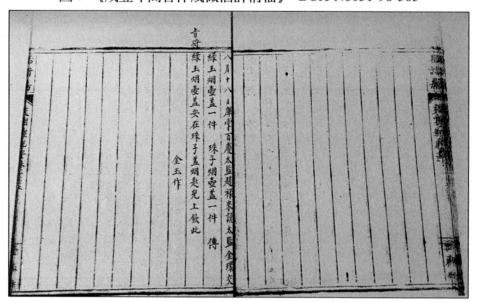

圖片來源：筆者拍攝

咸豐十年二月初七日，庫掌伊興阿太監黃永福來說內殿總管太監沈
魁交：綠玉朝珠一盤，傳旨：另換數珠繩杏黃絲辮配小假珠子二顆
棋朝珠屜糊藍紙裡見新於初九日要得，欽此。〔註87〕

同治年間也是時常利用原有的綠玉物件取出加工再製成新的成品。

同治五年十一月十二日，催長立豫太監張得祿來說十一日太監
范常祿交：白玉搬指一件，綠玉搬指一件，金裏一件二兩平重八

〔註85〕國立故宮博物院圖書文獻館《咸豐年間各作成做活計清檔》，Box-No030-454-
567。
〔註86〕國立故宮博物院圖書文獻館《咸豐年間各作成做活計清檔》，Box-No.031-98-
565。
〔註87〕國立故宮博物院圖書文獻館《咸豐年間各作成做活計清檔》，Box-No.033-368-
532。

分，金戒圈一件二兩平重一錢九分，傳旨：將綠玉搬指圈口照白
玉搬指圈口大小用交出金裏或用金戒圈成綠玉搬指金裏，欽此。
〔註88〕

慈禧太后針對殘缺破損的綠玉山子，也會從新製成適合的小物件，可見
當時綠玉材質的珍貴。

同治七年三月十二日，庫掌慶桂太監張得祿陳雙喜來說聖母皇太后
下劉雙喜交：綠玉山子回殘大小九塊，珊瑚枝四塊，傳旨：做綠玉
蘭芝桃牌十件珊瑚龍晴魚表辮四件，欽此。〔註89〕

上述記載都為內廷太監傳令時，記錄所用「綠玉」的詞彙。可能當時大
多數的翡翠呈現出綠色鮮艷的色彩，用「綠玉」來記載翡翠比較容易區分玉
料的顏色。

咸豐年間清宮《造辦處各作成做活計清檔》中也證實，原本交辦的「綠
玉扳指」，於做成後記載為「翡翠扳指」（圖8、9）：

咸豐六年七月二十日，委署主事恩照太監王福壽來說太監楊如意
交白玉搬指十二箇，白玉搬指樣一件、綠玉搬指一箇，傳旨：按
前次交白玉搬指樣裡口大小挂金裡欽此，成做，足金鑲白玉搬指
裡一件重二錢八分、足金鑲白玉搬指裡一件重二錢四分、足金鑲
白玉搬指裡一件重二錢九分、足金鑲白玉搬指裡一件重二錢八分、
足金鑲白玉搬指裡一件重二錢九分、足金鑲白玉搬指裡一件重二
錢九分、〔註90〕足金鑲白玉搬指裡一件重三錢三分、足金鑲白玉
搬指裡一件重二錢九分、足金鑲白玉搬指裡一件重一錢八分、足
金鑲白玉搬指裡一件重二錢四分、足金鑲白玉搬指裡一件重三錢、
足金鑲白玉搬指裡一件重二錢八分、足金鑲翡翠搬指裡一件重三
錢三分，共重三兩六錢二分，金玉作呈稿。〔註91〕

〔註88〕國立故宮博物院圖書文獻館《咸豐年間各作成做活計清檔》，Box-No.036-512-
582。

〔註89〕國立故宮博物院圖書文獻館《咸豐年間各作成做活計清檔》，Box-No.037-65-
546。

〔註90〕國立故宮博物院圖書文獻館《咸豐年間各作成做活計清檔》，Box-No.031-454-
565。

〔註91〕國立故宮博物院圖書文獻館《咸豐年間各作成做活計清檔》，Box-No.031-455-
565。

　　檔案記載太監楊如意交：白玉搬指十二箇、綠玉搬指一箇，成做後紀錄為足金鑲白玉搬指裡共十二件、足金鑲翡翠搬指裡一件，證實綠玉當時指的也是翡翠。

圖8：《咸豐年間各作成做活計清檔》，BOX-NO.031-454-565

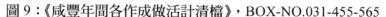

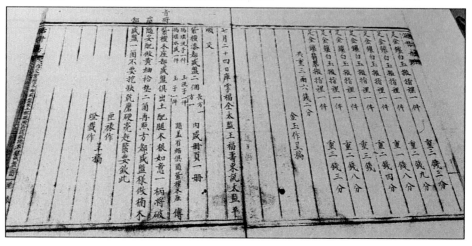

圖片來源：筆者拍攝

圖9：《咸豐年間各作成做活計清檔》，BOX-NO.031-455-565

圖片來源：筆者拍攝

　　清宮當時在內廷，下從衙役、太監，上到皇帝，都接受並應用「綠玉」名稱。但是在派出的織造、鹽政、稅關等監督則少有使用，而多用「翡翠」一

詞。〔註92〕根據筆者查閱光緒時期《造辦處各作成做活計清檔》，有關粵海關
進貢的品項，出現的也是以翡翠名之的物件（圖10、11）：

> 光緒四年十二月二十二日，主事綱增太監楊雙福將粵海關監督俊啟
> 恭進：鼻烟四瓶、上用定織寶藍年年吉慶大裁江綢袍料二件、上用
> 定織寶藍江山萬代大裁江綢袍料二件……、翡翠佛頭伽楠香朝珠一
> 盤、碧玓佛頭伽楠香朝珠一盤、鑲珍珠伽楠香鐲子一副……、福壽
> 字銀錁四千錠，欽此。〔註93〕

光緒初年粵海關進貢的物件以布料為主，但偶會出現一兩件翡翠物件。

> 光緒六年五月初四日，主事綱增太監楊雙福將粵海關監督俊啟恭
> 進：鼻烟四瓶、上用定織明黃二則龍光實地庫紗袍料二件、上用定
> 織品月二則龍光實地庫紗袍料二件、上用定織京醬二則龍光實地庫
> 紗袍料四件……、翡翠茶盅一對白玉蓋盌一對、福壽字銀錁四千簡
> 一兩重……，欽此。〔註94〕

光緒七年開始依檔案來觀察，進貢的翡翠大部分以女性飾物為主，而且
數量也有增加。

> 光緒七年十二月二十一日，主事綱增首領張得祿將粵海關監督崇光
> 恭進：鼻烟四瓶、上用定織加寬各色時花江綢袍料四十件、上用定
> 織加寬天青時花江綢袍料壹十件、上用定織各色縤子二百板、翡翠
> 背盂墜角碧玓佛頭真珠手串一掛、金地鑲翡翠真珠福壽扁方成對、
> 金地鑲翡翠真珠福壽鐲子成對、鑲真珠金纍絲龍喜珠金鐲成對、鑲
> 綠石珍珠玳瑁鐲子成對……欽此。〔註95〕

根據進貢翡翠的單位來看大部分都是由粵海關進貢，相隔半年進貢一
次，粵海關位為廣州市，當時已是翡翠交易熱絡的地區。

> 光緒八年五月初四日，主事綱增首領張得祿將粵海關監督崇光恭
> 進：鼻烟四瓶、各色紗五十件、各色縤子二百版、鑲碧玓翡翠迦楠

〔註92〕楊伯達，〈「雲玉」、「雲石」、「綠玉」之名實考析〉，《故宮博物院院刊》，4（北京，2010），頁 67。

〔註93〕國立故宮博物院圖書文獻館《光緒年間各作成做活計清檔》，Box-No.42-18-563。

〔註94〕國立故宮博物院圖書文獻館《光緒年間各作成做活計清檔》，Box-No.43-254-563。

〔註95〕國立故宮博物院圖書文獻館《光緒年間各作成做活計清檔》，Box-No.43-524-563。

香扁方二支、鑲金真珠伽楠龍耳挖一對、鑲金真珍伽楠鐲子三對、鑲金珍珠伽楠搬指二箇、象牙扇子四匣三十六把、鑲真珍翡翠竹葉梅花金扁方二支……欽此。〔註96〕

案中紀錄進貢只有一對翡翠佩片，但開始進貢元寶等貨幣供皇室使用。

光緒十年九月三十日，值班庫掌國旺催長恆光值房太監楊雙福將奉宸苑卿前任粵海關監督崇光恭進：各色玉石如意九柄、各色江綢袍料四十件、天青江綢掛料十件……、珊瑚盆景一座……、翡翠佩片一對、纍絲銀山一座……、五十兩重大元寶一千箇，持進，呈覽，上留，欽此。〔註97〕

對照進貢檔案的物件有特別用壽字的飾物及銀裸，這些物件因該特定為祝壽所準備。

光緒十三年五月初三日，值班庫掌常興催長明惠太監楊雙福將粵海關監督增潤恭進：鼻烟四瓶、上用加寬明黃二則龍光實地庫紗袍料二件、上用加寬杏黃二則龍光實地庫紗袍料二件……、茄楠香鑲珍珠翡翠香扁方成對、茄楠香鑲赤金松花長圓壽字鐲子二對、茄楠香佩帶九塊、茄楠香鑲珍珠耳挖成對、一兩重福壽字銀錁四千箇，持進，呈覽，上留，欽此。〔註98〕

「翡翠」這個名詞在清朝近 300 年內，從名詞的變化可以發現在清代歷史當中的轉折。雍正年間還稱呼「翡翠石」、「雲產石」，到雍正末年開始以地方名產之義進貢，被冠上地方玉，稱為「永昌玉」、「雲南玉」、「雲玉」、「滇玉」。這也說明了當時的翡翠並不特別受重視，名詞只是一個方便記憶的形容詞，大家對這種異域來的玉石，其實還不是那麼熟悉，和重視。

至於翡翠究竟是從清代何時才開始受到重視並身價高漲？多數研究翡翠的學者們，都認為清代《閱微草堂筆記》中所提的內容，〔註99〕是可以論證翡翠在清代歷史中，短短的六、七十年間所經歷的市場變化。

〔註96〕國立故宮博物院圖書文獻館《光緒年間各作成做活計清檔》，Box-No.44-20-571。

〔註97〕國立故宮博物院圖書文獻館《光緒年間各作成做活計清檔》，Box-No.45-278-617～Box-No.45-279-617。

〔註98〕國立故宮博物院圖書文獻館《光緒年間各作成做活計清檔》，Box-No.46-494-590。

〔註99〕鄧淑蘋，〈續談翡翠〉，《故宮文物月刊》，2：5＝17（台北，1984），頁 41。

圖 10：《光緒年間各作成做活計清檔》，BOX-NO.45-278-617

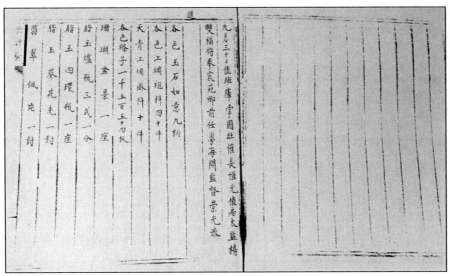

圖片來源：筆者拍攝

圖 11：《光緒年間各作成做活計清檔》，BOX-NO.45-279-617

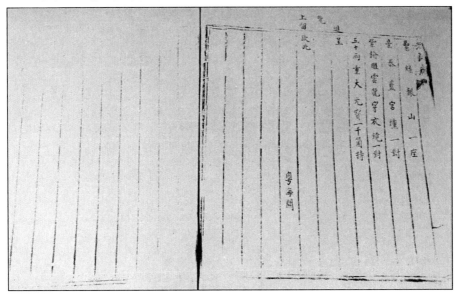

圖片來源：筆者拍攝

　　《閱微草堂筆記》為清代紀曉嵐所著。在卷十五〈姑妄聽之〉中談起他年幼時，雲南所產的翡翠，不被認為是玉，且價格低廉。〔註100〕但在他晚年

―――――――――――――――――――

〔註100〕楊伯達，〈勐拱翡翠流傳沿革考〉，《中國歷史文物》，3（北京，2005），頁12。

時，翡翠已是昂貴的珍玩。其內文提到：

> 蓋物之輕重，各以其時之好尚無定準也……雲南翡翠玉當時不以玉
> 視之，不過如藍田乾黃，強名以玉耳，今則以為珍玩，價遠出真玉
> 上矣……蓋相距五、六十年，物價不同已如此，況隔越數百年乎。
> 〔註101〕

紀曉嵐生於清雍正二年1724，歿于嘉慶十年1805，深受乾隆、嘉慶兩位皇帝的重用。這篇〈姑妄聽之〉共四卷，定稿於乾隆五十八年1793，紀曉嵐時年七十，正當十八世紀末。〔註102〕

從以上文獻得知，從乾隆年間，京城有關翡翠的市場價格情形，也說明翡翠在清代初期的士人眼中，還無法佔有一席之位。清末後期進貢的物件中翡翠一詞已經明顯定位，足見當時不論宮內或宮外均將緬甸玉稱為翡翠。翡翠的地位在清代乾隆中期後已在宮中立足，清末才真正展現鋒芒並受到重視。〔註103〕

小　結

翡翠玉石自清末以來，延續了100多年的璀璨風華，在華人市場中屢創高價，其身價定位目前已經是珠寶市場的貴重珠寶。不論玉石本身的質地好壞、通透度、顏色差異，作假與否等相關資訊，均可以透過現代科技儀器的檢測，判斷出其真偽，並以此估算其市場價值。

目前所有寶石在國際市場上，大概都會有一定的價格行情，但是「玉」卻沒有一定的標準與規範，而且也無法以重量來報價，因顏色透度都沒有一定的準則。原石未被切割前，內容品質好壞無法判斷，其中所蘊藏的色澤差異、種類等級，也有對玉石產生不同的價格。翡翠玉的價格目前市場行情一直居高不下，因此掌握判別翡翠真偽與價值的技巧與觀念，成為進入翡翠市場門檻的當務之急。

根據前述文獻記載，翡翠進入中國的時間，雖然在明代已經由緬甸大量開發，但至清初時仍是少量輸入中國，並且只當做貢品中的一部分，當時仍

〔註101〕紀昀，《閱微草堂筆記》，（上海，1980），頁362。
〔註102〕鄧淑蘋，〈續談翡翠〉，《故宮文物月刊》，2：5＝17（台北，1984），頁41。
〔註103〕楊伯達，〈清宮舊藏翡翠器簡述〉，《故宮博物院院刊》，6（北京，2000），頁41。

少有翡翠玉的相關作品。

　　翡翠一詞透過《活計檔》觀察在清代各時期，翡翠用詞略有不同：

雍正時期：翡翠石、雲產石、翡翠

乾隆時期：永昌玉、雲南玉、雲玉、滇玉、翡翠

同治時期：綠玉、翡翠

咸豐時期：綠玉、翡翠

光緒時期：翡翠

　　翡翠一詞在清代年間如此多變，可以看出翡翠當時地位的轉變，由清代早期進貢的玉石材料，到清代中期以地方玉特產進貢，清代中後期翡翠進入宮廷已經是一個物件成品而非玉石，且多數為身上的裝飾用品，如手鐲、朝珠、髮簪等物件。

　　筆者查閱《中國美術分類　全集中國玉器全集　5隋唐—明》，其內容以北京故宮博物院之藏品為主，將有關玉器依種類製成表1《中國美術分類全集　中國玉器全集　5隋‧唐—明》分類表，發現明代時期並沒有翡翠相關物件。

表1：《中國美術分類全集　中國玉器全集　5隋‧唐—明》分類表

	白玉	青玉	墨玉	玉	碧玉	青白玉	黃玉	瑪瑙	茶晶
明初	3	0	0	0	0	0	0	0	0
明早期	2	0	0	0	0	0	0	0	0
明中期	5	10	1	3	0	0	1	0	0
明晚期	8	7	0	0	0	0	0	0	0
明	19	27	1	1	1	2	0	1	1
總計	37	44	2	4	1	2	1	1	1

資料來源：楊伯達，《中國美術分類全集中國玉器全集　5隋‧唐—明》（香港：錦繡出版社，1993），頁227~320。筆者統計整理。

　　另以清代時期圖錄中的300件玉器種類製成表2《中國美術分類全集中國玉器全集6清代》分類表，也只發現9件為翠玉。

表2：《中國美術分類全集　中國玉器全集　6清代》分類表

	和田玉	翠玉	瑪瑙	水晶	芙蓉石	青玉	碧璽	青金石	黃玉	白玉	葉爾羌玉
清中期	184	9	9	6	1	0	2	4	1	1	1
清雍正	0	0	2	0	0	0	0	0	0	0	0
清乾隆	65	0	2	2	0	1	0	0	0	0	4
清嘉慶	3	0	0	0	0	0	0	0	0	0	0
清道光	1	0	0	0	0	0	0	0	0	0	0
清晚期	1	0	0	0	0	1	0	0	0	0	0
總計	254	9	13	8	1	2	2	4	1	1	5

資料來源：李久芳，《中國美術分類全集中國玉器全集　6 清代》（香港：錦繡出版社，1993），頁 257~358。筆者統計整理。

　　將以上清代圖錄所有 9 件翠玉製成表 3《中國美術分類全集　中國玉器全集　6清代》翠玉圖表，發現這些翠玉均屬於清中期的陳設玉器，並未發現翡翠的裝飾用佩飾。

表3：《中國美術分類全集　中國玉器全集　6清代》翠玉圖表

編號	年代	器　　物	器物名稱	藏館	出　　處
69	清中期		翠太極圖盤	北京故宮博物院藏	李久芳主編，《中國美術全集　中國玉器全集　6清》，台北：錦繡出版事業股份有限公司，1994 年4月，頁 42。

140	清中期		翡翠丹鳳花插	北京故宮博物院藏	李久芳主編,《中國美術全集　中國玉器全集　6 清》,台北:錦繡出版事業股份有限公司,1994 年 4 月,頁 92。
212	清中期		翠虎面紋雙耳活環瓶	北京故宮博物院藏	李久芳主編,《中國美術全集　中國玉器全集　6 清》,台北:錦繡出版事業股份有限公司,1994 年 4 月,頁 138。
259	清中期		翡翠鶴鹿同春山子	北京故宮博物院藏	李久芳主編,《中國美術全集——中國玉器全集 6 清》,台北:錦繡出版事業股份有限公司,1994 年 4 月,頁 178。

261	清中期		翠雕人物山水圖山子	北京故宮博物院藏	李久芳主編,《中國美術全集——中國玉器全集 6 清》,台北:錦繡出版事業股份有限公司,1994 年 4 月,頁 260。
266	清中期		翠臥牛	北京故宮博物院藏	李久芳主編,《中國美術全集——中國玉器全集 6 清》,台北:錦繡出版事業股份有限公司,1994 年 4 月,頁 183。
275	清中期		翠太平有象磬	北京故宮博物院藏	李久芳主編,《中國美術全集——中國玉器全集 6 清》,台北:錦繡出版事業股份有限公司,1994 年 4 月,頁 193。
290	清中期		翠玉福錄壽硯屏	北京故宮博物院藏	李久芳主編,《中國美術全集——中國玉器全集 6 清》,台北:錦繡出版事業股份有限公司,1994 年 4 月,頁 202。

| 356 | 清中期 |  | 翠玉獸面紋雙耳爐 | 北京故宮博物院藏 | 李久芳主編,《中國美術全集——中國玉器全集 6 清》,台北:錦繡出版事業股份有限公司,1994 年 4 月,頁 244。 |

資料來源:李久芳,《中國美術分類全集中國玉器全集 6 清代》(香港:錦繡出版社,1993),頁 42、92、138、178、260、183、193。筆者統計整理。

　　雖然以上圖錄均未發現翡翠裝飾用品,但藉著觀察台北國立故宮博物院數位資料庫近 400 件翡翠藏品,及北京故宮博物院收藏翡翠作品 800 多件,〔註104〕均發現翡翠珠寶珮飾大量出現。

　　透過清宮存世的翡翠藏品可以得知,這些翡翠物件並非出土物件,而且經由造辦處的《活計檔》紀錄可以察覺,翡翠於清代乾隆後期才開始受到重視,翡翠耀眼的顏色及特性,被應用到珠寶首飾當中,開始大量產出。

〔註104〕徐琳,〈翠華玉意兩逢迎——清代宮廷中的翡翠〉,《紫禁城》,5(北京,2018),頁 92。

第三章　清代翡翠裝飾玉

　　清代的翡翠玉器，從各項研究與傳世物件上可以得知，以各類「珠寶首飾」飾品為大宗，這種現象與過去中國一直存在的「玉」文化已有明顯差異。在北京故宮博物院及台北故宮博物院收藏的玉器類文物中，除了禮儀用品、陳設用品以及宗教祭祀用品外，主要是清朝各代皇帝以及其后妃的生活用品、冠服飾品等，其中翡翠珠寶在裝飾用玉上獨具一格的佔有一席重要地位。〔註1〕

　　人類發展史上隨著衣著文化的出現，伴隨著衣物點綴的珠寶珮飾，也隨之應運而生。佩飾器屬於裝身器用，為傳統衣冠服飾的組成環節，皇家佩飾尤其繁複炫麗、形制多元。這些隨著人、事、時、地不同而變化使用的隨身物件，雖然無法與其他的陳設擺件相互比較，但在材質應用、紋飾題材與工藝技法上都有著共通之處。〔註2〕

　　服飾類的佩飾主要功能樣式如：朝珠、手串、翎管、帶板、佩、花囊、墜、頭簪、耳環、鐲、扁方、戒指、扳指等。〔註3〕這類型的藏品在清宮翡翠類舊藏中數量最多，種類也最豐富，質地也為上好之翡翠材質，工藝技法也盡顯精巧，玲瓏剔透不可多得。〔註4〕

〔註1〕邱志力、吳沬、孟增璐、王學琳，〈清代翡翠玉文化形成探釋〉，《中山大學學報》（社會科學版），1：47＝5（廣州，2007），頁49。

〔註2〕張湘雯，〈御菀瑤英——清宮珮飾及瑞意陳設選介〉，《故宮文物月刊》，378（台北，1983），頁24。

〔註3〕楊伯達，〈清宮舊藏翡翠器簡述〉，《故宮博物院院刊》，6（北京，2000），頁42。

〔註4〕趙桂玲，〈故宮舊藏「雲產石」釋疑〉，《故宮博物院院刊》，4（北京，2010），頁87。

現藏於國立故宮博物院及北京故宮博物院、瀋陽博物院等大型博物館的翡翠裝飾用玉之藏品，大多為清代傳世的珠寶飾物，以下以這些館藏翡翠物件為主，依佩戴屬性不同分為男性與女性飾品兩大類，各類當中並依其形制功能區分，探討翡翠在清代扮演珠寶材料所展現的風貌。

第一節　男性翡翠飾物

翡翠使用在男性身上，成為飾物的一部分大都與衣著有關。男性服飾自古以來都搭配著珍貴的飾物，以彰顯他們的階級及地位。在清代禮制的社會中，男性所裝載的服飾配件如朝珠、扳指、翎管、帶鉤等，更是與他們的官階和權貴有著分不開的關係。

一、朝　珠

項飾，是掛在頸上的飾物，在中國，項鍊在新石器時代就出現了，但是漢代以後頸飾出現較大的變化，演變成一種新的器物。成為佛教僧尼誦佛計數的「念珠」，而非裝飾品，到了清代把念珠加上一些配件，定為官服的一項飾物稱為「朝珠」。〔註5〕

念珠與朝珠都是一百零八粒，朝珠是清朝官服特有的佩掛物件，代表著皇家的禮制，同時也是一種權貴的象徵。依陳夏生〈再談清代服飾中的朝珠與手串〉中認為，清廷的朝珠，應該與元朝帝王掛項鍊的習氣不無關係，〔註6〕如（圖12）。

其根源與同樣來自北方而在中原建國的元人日常所穿戴的服飾有所相識之處。〔註7〕

朝珠因有其禮制規範，需有記捻與背雲。朝珠材料大部分是由各種寶石或木料穿墜而成，由身子、佛頭、背雲、大墜角、記捻、大墜角等部分組成。

〔註5〕那志良，《中國古玉圖釋》，頁281。
〔註6〕陳夏生，〈再談清代服飾中的朝珠與手串〉，《故宮文物月刊》，274（台北，2005），頁88。
〔註7〕陳夏生，〈再談清代服飾中的朝珠與手串〉，《故宮文物月刊》，274（台北，2005），頁88。

圖 12：元・文宗（1330～1332）畫像，國立故宮博物院藏

圖片來源：《故宮月刊》，274（台北，2006），頁 88。

圖 13：朝珠結構圖，國立故宮博物院

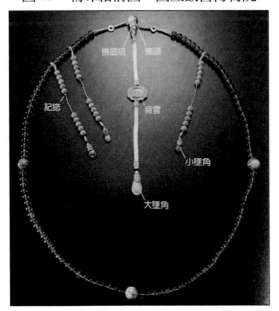

圖片來源：陳夏生，〈再談清代服飾中的朝珠與手串〉，《故宮文物月刊》，

274（台北，2005）頁 89。

　　朝珠配戴依清朝的服飾制度，王公以下，文職五品，武職四品以上；公主、福晉以下，五品官命婦等，均可配戴。〔註8〕凡參加典禮的司事、侍衛人員不分品級一律配戴朝珠，以示重擔。此外，掌典禮儀的司事、翰林院編修，或掌刑名彈劾、職司教授國子監生員、皇室身側護衛等，因職責受人尊崇，亦可懸掛朝珠。〔註9〕

　　另不同地位的官員使用朝珠亦有嚴格的規定。東珠朝珠僅皇帝與皇后能配戴；諸王、一品大臣可配戴珊瑚朝珠；文職五品、武職四品以上可配戴其他寶石類的朝珠。〔註10〕

　　而皇帝所佩戴之朝珠，必須按照《周禮・春官》中「以蒼璧禮天，以黃琮禮地」〔註11〕的規定，依不同場合配戴不同類型之朝珠。〔註12〕在大典時佩戴東珠朝珠；在天壇祭祀時用青金石朝珠；在地壇祭祀時用琥珀朝珠；在日壇朝日時用珊瑚朝珠；在月壇夕月時用綠松石朝珠，平時則不限可隨意選用。〔註13〕

　　清代服飾制度中配戴各種珠寶象徵飾者的身份地份及品秩高低，依次為東珠、紅寶石、珊瑚、藍寶石、青金石、水晶、硨磲等，所以東珠朝珠，只有帝王、帝后和皇太后能佩掛。〔註14〕在清代皇帝服制規定中，並無出現「翡翠」配戴的規制，作為珠寶的翡翠玉石在當時的數量及價值可能尚且無法與「東珠」紅、藍寶石、珊瑚、青金石等相比。〔註15〕

　　由北京國立故宮博物院所藏的〈清雍正朝服像〉可見（圖14），圖中雍正皇所佩帶的朝珠，與北京國立故宮博物院另一件清順治時期的東珠朝珠相比（圖15），形制上極為相似。此朝珠由一百零八顆東珠穿成，有四個珊

〔註8〕褚瀟，〈器以載道──試論清代玉器與清代文化〉，中國地質大學碩士學位論文，2005年，頁39。

〔註9〕朱秉鉞，《翡翠史話》，頁29。

〔註10〕故宮博物院，《故宮珍寶館》（北京：紫禁城出版社，2004），頁18。

〔註11〕華夏文化百科，https://wiki.hygx.org/title/六瑞，點閱時間2020/07/25。

〔註12〕褚瀟，〈器以載道──試論清代玉器與清代文化〉，中國地質大學碩士學位論文，2005年，頁41。

〔註13〕陳慧霞，〈東西輝映下的清代宮廷珠寶〉，《故宮文物月刊》，351（台北，2012），頁10。

〔註14〕陳夏生，〈再談清代服飾中的朝珠與手串〉，《故宮文物月刊》，274（台北，2005），頁91。

〔註15〕邱志力、吳沫、孟增璐、王學琳，〈清代翡翠玉文化形成探釋〉，《中山大學學報》〈社會科學版〉，2007年，第1期第47卷總205期，頁47。

瑚結珠（亦稱分鑲）等分，結珠兩側穿有青金石結珠共 8 粒。朝珠有記捻三串，每串穿綠松石十顆，墜角為紅寶石，上系東珠結珠各一。此串朝珠中有結珠連接綠松石佛頭，以黃條背雲相連，背雲上嵌金鑲貓眼石一顆，並以珊瑚雕成蝙蝠形狀製成結牌，有東珠結珠四粒，墜角以金累絲為托，下墜紅寶石一顆。〔註16〕

圖 14：清‧〈雍正朝服像〉，北京國立故宮博物院藏

圖片來源：故宮博物館，《故宮珍寶館》，頁 133。

〔註16〕故宮博物館，《故宮珍寶館》，頁 133。

圖 15：清‧順治，東珠朝珠，周長 137 公分，北京國立
　　　故宮博物院藏

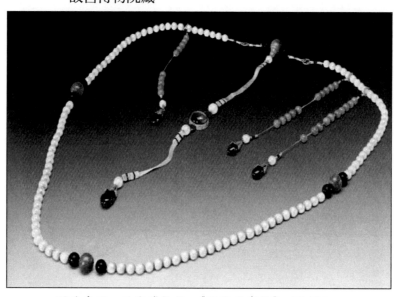

圖片來源：故宮博物館，《故宮珍寶館》，頁 133。

　　除階級身分外，朝珠佩掛亦男女有別。男人將兩串記捻垂在左胸，女人相反。〔註 17〕皇帝穿朝服配飾一串朝珠，女性穿朝服則需配飾三串朝珠。〔註 18〕北京故宮博物院藏的〈清高宗后孝賢純皇后像軸〉，畫中孝賢純皇后就是配戴三串朝珠紅白相間的朝珠（圖 16）。

　　到了末代皇后婉容的大婚照依然依照禮制佩戴三串朝珠：如（圖 17）。

〔註 17〕陳夏生，〈再談清代服飾中的朝珠與手串〉，《故宮文物月刊》，274（台北，2005），頁 88。
〔註 18〕故宮博物院，《故宮珍寶館》，頁 15。

圖 16：清・高宗后孝賢純皇后像軸，北京故宮博物院藏

圖片來源：《故宮文物月刊》，351（台北，2012），頁 65。

圖 17：清末皇后婉容大婚照

圖片來源：故宮博物院，《故宮珍寶館》，頁 118。

清代初期翡翠物件出土資料並不多見，但根據〈江蘇吳縣清畢沅墓發掘簡報〉的出土報告發現，在乾隆年間已經有了翠朝珠。〔註 19〕畢沅為乾隆時期的狀元，他與妻妾墓中出土玉器共 26 件，除了兩盤翡翠朝珠、手鐲一副、押髮一件，是目前清初翡翠玉器出土最多的墓葬。〔註 20〕從以上出土資料可見，雖然乾隆時期已有使用翡翠朝珠的狀況，但從清代早期制定的《大清會典事例・禮部・冠服》和《清史稿・輿服志》記載中尚無配戴翡翠的資料。〔註 21〕可見清初時期翡翠尚不普及。

（圖18）為國立故宮博物院目前收藏的清宮舊藏翠朝珠，朝珠鮮綠的色澤和其他寶石搭配用料極為講究，應該是清中期翡翠流行下的產物。

圖18：清・翠玉朝珠，國立故宮博物院藏

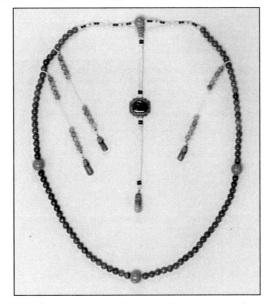

圖片來源：《故宮文物月刊》，351（台北，2012），頁 12。

二、扳　指

從清宮的傳飾品上發現翡翠材料也運用在扳指上。扳指也寫作「班指」，古時候射箭鉤弦時套在右手大拇指上，其功用是拉弓時為了避免彈傷，必須

〔註19〕朱秉鉞，《翡翠史話》，頁 31。
〔註20〕殷志強，〈乾隆庚辰科狀元畢沅及妻妾出土玉器〉，《中國隋唐至清代玉器學術研討會論文集》，頁 371。
〔註21〕葉曉紅，〈翡翠飾物的演變和發展〉，中國地質大學碩士學位論文，2005 年，頁 34。

藉助扳指作為保護。〔註22〕扳指古名叫「韘」,〔註23〕《說文解字》中記載:
「韘,射決也。所以鈎弦,以象骨韋系,著右巨指」〔註24〕。其中的「韋」
是去毛做熟的皮子,最早人們是用柔軟的皮子纏在大姆指上,既增加拉弦力
量又能保護手指,後來逐漸發展成用其它材質製作扳指。〔註25〕

圖 19:《古玉圖考》中所錄之韘

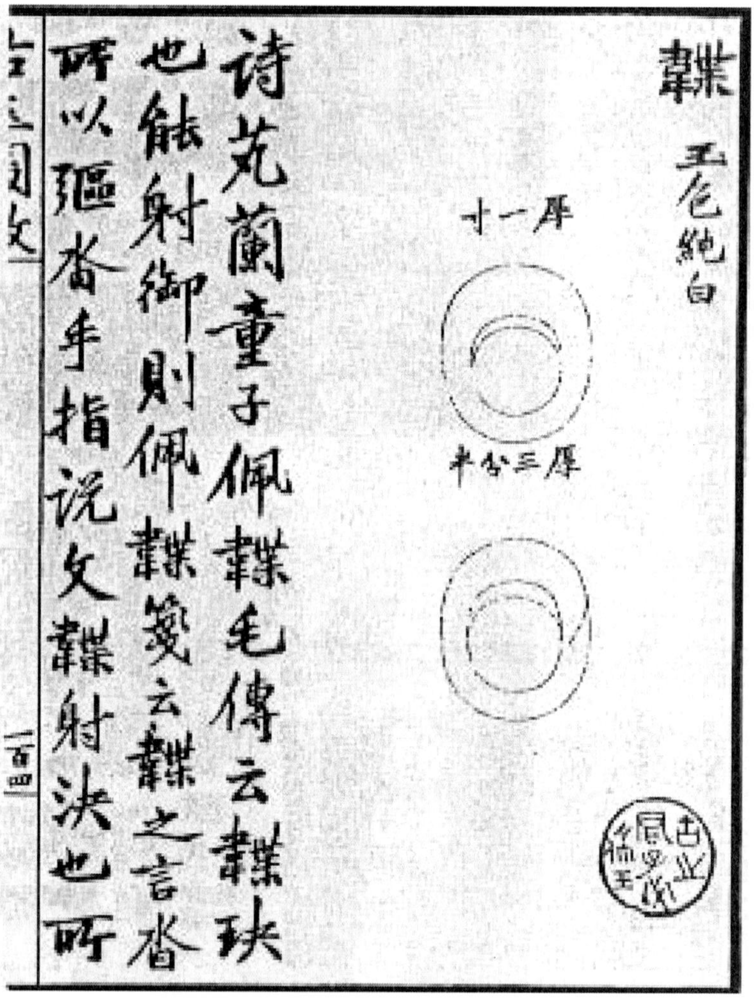

圖片來源:鄧淑蘋導讀,《古玉圖考》,頁 37。

〔註22〕那志良,《中國古玉圖釋》,頁 295。

〔註23〕吳清卿《古玉圖考》,頁 104。轉引鄧淑蘋導讀,《古玉圖考》,頁 37。

〔註24〕毛憲民,〈清帝射箭佩戴的扳指及其在書畫上的反映〉,《故宮文物月刊》,159
（台北,1996）,頁 126。

〔註25〕朱秉鉞,《翡翠史話》,頁 33。

　　扳指在中國歷代中只是拉弓射箭的工具，但其使用時代卻甚早，現今留存最早的是 1976 年位於河南殷墟，商王武丁的配偶婦好墓中即出土一指玉韘，〔註26〕據其考古報告記錄：

> 指一件，深綠色，有褐斑。下端平齊，上端作前高後低的斜面形，中空，可套入成人的拇指。背面下端有一條凹下的槽。正面雕獸紋，獸口向下，細長眉，雙角似牛角，兩耳後貼。雙目下各有一圓孔。面部兩側分別雕以身、足。身略上豎，短足前屈，雕出三爪。高 2.7~3.8、徑 2.4、壁厚 0.4 厘。此器適可套入姆指弓弦恰可納入背面的凹槽，雙孔可穿系細繩縛于手腕。〔註27〕

　　商婦好墓出土獸面玉韘，為目前考古發掘出土最早的玉扳指。〔註28〕

　　扳指原本為日常用品之一，但到了清朝卻成為備受注目，兼具實用與身份地位代表象徵的飾品。〔註29〕滿族原本就是北方遊牧民族，拉弓射箭是他們日常生活的一部份，也是生存的一項基本技能。〔註30〕早在清代建國之初，崇德元年（1636 年）十一月，太宗文皇就對諸王及貝勒們說：「我國家以騎射為業，今若輕循漢人之俗，不親弓矢，則武備何由而習手？」。〔註31〕

〔註26〕黃永川，〈關於扳指〉，《國民歷史博物館學報》，27 民 93.04，頁 1～26。

〔註27〕轉引朱秉鉞，《翡翠史話》，頁 33。

〔註28〕中國考古網，http://www.kaogu.cn/cn/kaoguyuandi/kaogusuibi/2016/0711/54569.html，點閱時間：2020/07/25。

〔註29〕毛憲民，〈清帝射箭佩戴的扳指及其在書畫上的反映〉，《故宮文物月刊》，159（台北，1996），頁 126。

〔註30〕褚瀟，〈器以載道——試論清代玉器與清代文化〉，中國地質大學碩士學位論文，2005 年，頁 38。

〔註31〕《清史稿：志七十八‧輿服二》。維基中國哲學書電子化計劃，https://ctext.org/wiki.pl?if=gb&chapter=674292，點閱時間：2020/07/20。

圖 20：商晚期至西周，玉牒

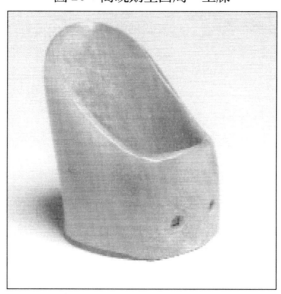

圖片來源：鄧淑蘋編，《敬天格物──中國歷代玉器導讀》，頁 85。

圖 21：河南安陽殷墟婦好墓出土玉板指（紋飾圖）

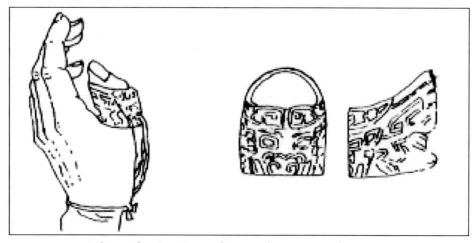

圖片來源：《故宮文物月刊》，159（台北，1996），頁 126。

圖 22：商·婦好墓出土獸面玉韘，高 2.7～3.8 公分，中國
　　　 社會科學院考古研究所藏

圖片來源：古方，《中國古玉器圖典》（北京：文物出版社，2007），頁 160。

圖 23：清·乾隆「威弧獲鹿圖」

圖片來源：《故宮文物月刊》，159（台北，1996），頁 129。

　　為了提倡居安思危、有備無患的精神，自順治皇帝開始都會例行至木蘭
圍場守獵習武，上至皇帝及其下各代皇子，自幼年都勤練騎射。〔註32〕平日

〔註32〕毛憲民，〈清帝射箭佩戴的板指及其在書畫上的反映〉，《故宮文物月刊》，159
　　　　（台北，1996），頁 126。

不演習時手上也常戴扳指以表示不忘武功。因此造辦處的工匠們也精心製作許多扳指，精美的材質與工藝，使得扳指戴在手上起了裝飾作用，成為君臣與仕紳們喜愛之物。〔註 33〕（圖 24）為清　道光皇帝身穿便服之時右手也帶著扳指。

圖 24：清・道光皇帝扳指圖、情殷鑒古圖軸

圖片來源：《故宮文物月刊》，159（台北，1996），頁 130。

　　扳指在清代時期非常盛行，當時皇帝也常用此物賞賜有功大臣。筆者查閱同治、光緒年間的《各作成做活計清檔》，發現當時宮內造辦處也會不定時製作大量的扳指用於賞賜。

〔註 33〕朱秉鉞，《翡翠史話》，頁 35。

同治十三年三月初七，員外郎恒謙太監張得錄來說，內殿首領孫
立，傳旨：著造辦處成做白玉翎管一百箇白玉扳指一百箇……欽
此。〔註34〕

透過檔案發現當時所用材料大部分以白玉為主，而且每次製作都以一百
個為單位。

圖25：清玉扳指圖

圖片來源：《故宮文物月刊》，159（台北，1996），頁135。

目前國立故宮傳世的扳指為數不少，但翡翠的扳指也是屈指可數。早期
帝王、王宮貴族、將官們所用的扳指材料大都是玉料、象牙、動物骨、角等材
質，一般的平民百姓則大多用木扳指。清朝入關後扳指的質地亦由原來的鹿
角，發展為犀角、象牙、水晶、玉、瓷、翡翠、碧璽等名貴原料，一般人配戴
的扳指以白玉材質最普遍。〔註35〕

到了清乾隆、嘉慶以來由於太平盛世，扳指逐漸成為裝飾性的用品，清
末時期翡翠盛行，王宮貴族的扳指則以翡翠材質為首選。透過嘉慶年間得碩

〔註34〕國立故宮博物院圖書文獻館《同治年間各作成做活計清檔》，Box-No.40-511-
　　　　534。
〔註35〕毛憲民，〈清帝射箭佩戴的板指及其在書畫上的反映〉，《故宮文物月刊》，159
　　　　（台北，1996），頁133。

亭寫的〈京都竹枝詞〉有：「班指要人知翡翠，輕寒猶把扇頻搖」〔註36〕，得知當時京城中富貴人家如佩戴翡翠扳指，都刻意將其顯露出來以彰顯身份的尊貴。

　　目前北京國立故宮博物院館藏的兩件翡翠扳指（圖 26、圖 27），一只還內鑲金圈，不論是其色彩鮮豔度，或是玉材透度都極佳。

圖 26：清翠扳指，徑 3.2 公分高 2.5 公分，北京國立故宮
　　　　博物院藏

圖片來源：故宮博物院，《故宮珍寶館》，頁 136。

圖 27：清翠鑲金里扳指，徑 3.2 公分高 2.5 公分，北京
　　　　國立故宮博物院藏

圖片來源：故宮博物院，《故宮珍寶館》，頁 136。

　　而光緒末年太監李蓮英墓，也發掘出土一枚翡翠扳指，目前收藏於北京

〔註36〕轉引朱秉鉞，《翡翠史話》，北京：紫京城出版社，1994 年，頁 36。

首都博物館（圖28），不論色澤質地堪稱極品，為中國一級文物。

圖28：清翡翠扳指，李蓮英墓出，北京首都博物院藏

圖片來源：李建緯教授提供，拍攝於北京首都博物館。

三、翎　管

　　翡翠翎管也常見於清宮舊藏之中，而且大多被改成裝飾用品使用。翎管最早出現於戰國時代，趙武靈王施行胡服騎射，就有鶡冠，也就是在冠帽上插鳥類羽毛；漢代武將也需在冠上插鶡尾，而成為當時武職官服。〔註37〕到了清代官服禮帽上也有插飾花翎的飾物，包括宗室成員如有功勛，皇帝都賜花翎以表榮譽。

　　花翎為孔雀羽毛製成，插入管內，〔註38〕戴在官帽上用來劃分品階的標誌，分一眼、二眼、三眼，三眼為最高等級。在《清史稿‧與服志》中提到：

> 凡孔雀翎，翎端三眼者，貝子戴之；二眼者，鎮國公、輔國公、和
> 碩額駙戴之；一眼者，內大臣、一、二、三、四等侍衛，前鋒、護
> 軍各統領、參領、前鋒侍衛、諸王府長史、散騎郎、二等護衛均得
> 戴之，翎根並綴藍翎。貝勒府司儀長、親王以下二、三等護衛、親
> 軍、護軍校，均戴染藍翎。〔註39〕

〔註37〕嵇若昕，〈翎與翎管──清朝的官服、冠帽飾物──〉，《故宮文物月刊》，第
　　　　3卷第6期9月（台北，1985），頁96。
〔註38〕故宮博物院，《故宮珍寶館》，頁137。
〔註39〕《清史稿‧卷103‧志七十八‧與服二》。維基文庫，https://zh.m.wikisource.

圖 29：清・官帽形制

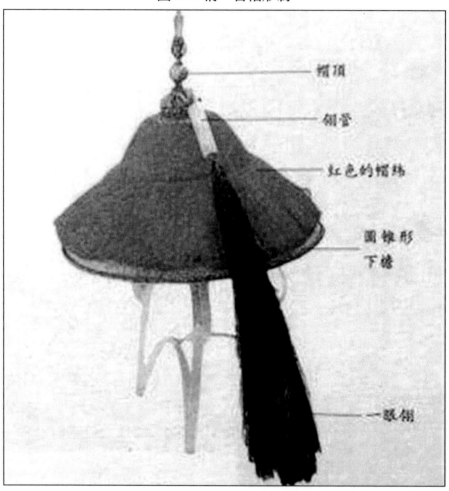

帽頂

朝管

紅色的帽緯

圓錐形
下檐

一服翎

圖片來源：https:///zh.twgreatdaily.com/o3szIXABjYh_GJGVvfvk.html.jpg，
點閱時間：2020/03/03。

圖 30：清官帽花翎形制

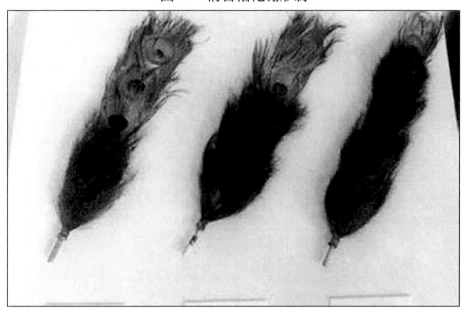

圖片來源：https:///zh.twgreatdaily.com/o3szIXABjYh_GJGVvfvk.html.jpg，

點閱時間：2020/03/03。

圖 31：清官吏服飾

圖片來源：《故宮文物月刊》，30（台北，1985），頁 96。

　　花翎插戴在朝冠、吉服冠、行冠帽頂上的翎管內。〔註 40〕翎管做管狀，
為大約二吋多常的圓棍，上有一個鼻，橫鑽一個眼，用以穿繩拴在帽頂上。

〔註 40〕嵇若昕，〈翎與翎管──清朝的官服、冠帽飾物──〉，《故宮文物月刊》，第
　　　3 卷第 6 期 9 月（台北，1985），頁 97。

上部有小部分實心,往下大部分中空,底面和煙嘴的口相同,從口內插過翎根,翎子垂在背後。翎管的材質則依個人財富之不同自由配戴,翠玉、白玉、碧玉、碧璽、琺瑯皆有。〔註41〕

　　翡翠翎管約在清中期後最為盛行,因為翡翠翎管品質有高低,使用階層廣泛不受價格限制。《清稗類鈔・豪侈類》「榮文忠之翎管」,中紀錄晚清總管內務府大臣榮祿:「聞所用翡翠翎管表裡瑩澈,自外視之,翎毛纖髮畢睹,蓋玻璃翠也,價值一萬三千金」〔註42〕,可見翡翠製品在當時已是代表身份地位最時尚尊貴的飾品。

圖32:清・翠翎管,高7.4公分徑1.5公分・北京國立故
宮博物院藏

圖片來源:故宮博物院,《故宮珍寶館》,頁137。

　　清朝戴花翎是一種殊榮,但為貝子以下的臣子所插戴的飾物。〔註43〕透過清宮造辦處活計檔記載,得知宮內均會不定期大量製作翎管以備賞賜:

〔註41〕嵇若昕,〈翎與翎管──清朝的官服、冠帽飾物──〉,《故宮文物月刊》,3:6(台北,1985),頁97。

〔註42〕《清稗類鈔・豪侈類》。維基中國哲學書電子化計劃,https://ctext.org/wiki.pl?if=gb&chapter=446955,點閱時間:2020/07/20。

〔註43〕嵇若昕,〈翎與翎管──清朝的官服、冠帽飾物──〉,《故宮文物月刊》,3:6(台北,1985),頁97。

同治十三年三月初七，員外郎恒謙太監張得錄來說，內殿首領孫

立，傳旨：著造辦處成做白玉翎管一百箇白玉扳指一百箇……欽

此。〔註44〕

圖33：清代官員配戴花翎官帽

圖片來源：故宮博物院，《故宮珍寶館》，頁137。

由於翎管做管狀，一端有孔可繫掛，當它不用於官服穿戴時，有人就將

管狀物解下，繫上絲線及珊瑚珠等，改成佩飾使用，如（圖34）的翠玉翎管。

〔註45〕

〔註44〕國立故宮博物院圖書文獻館《同治年間各作成做活計清檔》，Box-No.40-511-
　　　534。

〔註45〕嵇若昕，〈翎與翎管——清朝的官服、冠帽飾物——〉，《故宮文物月刊》，3：
　　　6（台北，1985），頁97。

圖 34：清翠玉翎管，國立故宮博物院藏

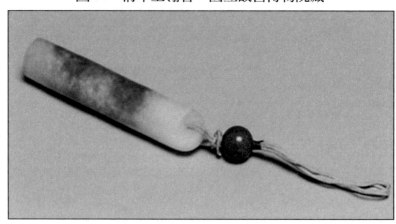

圖片來源：國立故宮博物院典藏精選 https://theme.npm.edu.tw/selection/，
點閱時間：2020/01/19。

現今存世的翡翠翎管大多改作身上的佩飾，簡單的翎管佩飾是為了凸顯翡翠材質。

四、帶　鉤

清代所存世的翡翠帶鉤大多是一體成型的雕件，彰顯的是亮麗的翡翠材質的與精細的雕工。

帶鉤又稱革帶鉤，因為彎鉤的地方大多做成螭首，螭是古時傳說中無角的龍，因螭首如龍首，因此也稱帶鉤為龍鉤。〔註46〕帶鉤配戴歷史淵源長久，最早見於良渚文化；戰國、西漢進入興盛期，數量也多，造型豐富；東漢以降進入衰落期，元明清時期又見復興。〔註47〕古時候的衣服沒有鈕扣，腰間用帶橫束，帶分大帶、革帶，革帶材質硬挺，無法結扣，需用帶鉤相連。〔註48〕帶鉤原先用於胡服，〔註49〕相傳為戰國趙武靈王仿自西北遊牧民族，初期只限用於甲服上，後加以發展，才取代了絲縧的地位，轉到一般的王宮貴族袍服上，因此成為社會上層表徵時尚及身份的飾品，亦為男性服飾穿搭上一件不可或缺的重要配件。〔註50〕

〔註46〕朱秉鉞，《翡翠史話》，頁 39。
〔註47〕周曉晶，〈玉帶鉤鑑賞〉，《故宮文物月刊》，208 期 7 月（台北，2000），頁 44。
〔註48〕那志良，《中國古玉圖釋》，頁 298。
〔註49〕張臨生，〈帶鉤〉，《故宮文物月刊》，1：3（台北，1983），頁 5。
〔註50〕魏德文，《中國古代服飾研究》（台北：南天書局有限公司，1988），頁 57。

圖 35：良渚文化・玉帶鉤（浙江餘杭縣反山墓地出土）

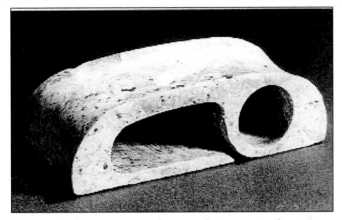

圖片來源：《故宮文物月刊》，208（台北，1996），頁 45。

圖 36：漢代佩帶鉤青銅燭奴（山東諸城河出土）

圖片來源：魏德文，《中國古代服飾研究》（台北：南天書局有限公司，
　　　　　1988），頁 57。

由考古出土資料顯示，春秋中葉以後，中原及南方各地逐漸使用帶鈎。
〔註51〕

圖37：廣東肇慶北嶺松山戰國墓出土的玉帶鈎與金炳玉瑗，係成組使用

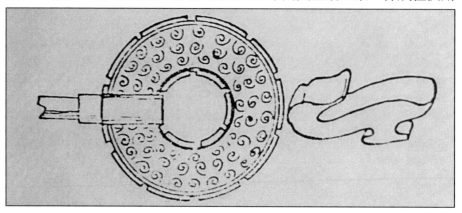

圖片來源：《故宮文物月刊》，3（台北，1983），頁8。

圖38：戰國中期包金嵌玉銀帶鈎

圖片來源：賈峨，《中國美術分類全集中國玉器全集　3 春秋—戰國》，
頁 131。

　　帶鈎的製作形式及材料多元，設計可隨著佩戴者的喜好或身份地位而有
所不同。使用時為了方便將腰帶的兩端扣繫，常被製成鈎狀。帶鈎一般大的

長及一市尺，寬約一市寸，小的不過寸許，〔註52〕運用不同的材質，如青銅、銀、鐵、玉、骨、象牙、珊瑚、瑪瑙、琉璃、翡翠等，樣式也多樣化。〔註53〕

　　翡翠帶鉤則是清朝才出現的特殊材質，其形制清一色為螭形鉤，所以也稱為龍鉤。翠龍鉤的價值在於它的翠綠顏色，根據玉石的顏色，製作出來的龍鉤也是顏色亮麗，價值不菲，在清代佩帶翡翠龍鉤也是一種財富和權力的象徵〔註54〕

　　國立故宮博物院所藏的「龍紋翠玉帶鉤」，其龍首短而俊俏，雙目炯炯有神，給人威猛震懾之感。鉤身紋飾以細卷雲紋及螭龍紋做鏤空刻畫，形象活潑而生動。（圖39）漸層色的翠玉料色澤柔美深邃，將猛龍的傑馴傲氣表現的傳神有力。

圖39：清・翠玉帶鉤，國立故宮博物院藏（展開來的帶鉤）

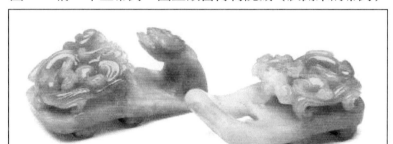

圖片來源：《故宮文物月刊276期》，國立故宮博物院，2006年3月，頁27。

圖40：清・翠玉帶鉤（扣起來的帶鉤）

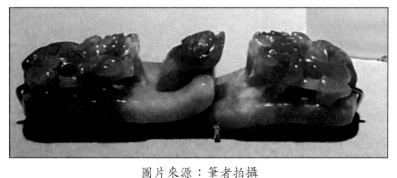

圖片來源：筆者拍攝

〔註52〕魏德文，《中國古代服飾研究》（台北：南天書局有限公司，1988），頁57。
〔註53〕朱秉鉞，《翡翠史話》，頁42。
〔註54〕葉曉紅，〈翡翠飾物的演變和發展〉，中國地質大學碩士學位論文，2005年，頁45。

另一件國立台北故宮博物院所藏的「翠玉螭紋帶鉤涼帶」，為一組完整的帶扣玉腰帶。文物由黃色絲線編織而成，附金屬帶環數個，一端接玉帶扣，鉤部可與腰帶另一端絲環相扣。帶扣則由整塊玉雕刻而成，正面表層翠綠，餘下部份多青白。全器呈長條形，中央微微拱起，一端反折為鉤。正面鏤雕螭紋，鉤部亦作螭首、與蟠螭相對。拱起處背有一圓鈕，將帶扣固定於腰帶（圖 41）。〔註 55〕

圖 41：清・翠玉螭紋帶鉤涼帶，台北國立故宮博物院藏

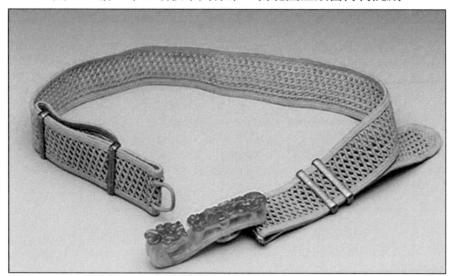

圖片來源：國立故宮博物院典藏精選 https://theme.npm.edu.tw/selection

透過以上幾種清代男性常見的裝飾物件，發現男性的佩飾都是出於禮制上的需求是一種必備品。服飾上的搭配從古至今必沒有太大的差異性，有的只是材料上的變化尤其玉石的轉變。中國人愛玉偏愛溫潤色澤的白玉，但到了清中晚期後翡翠的飾物逐漸增加，搭載在男性身上的玉石也隨著流行起了變化，選擇翡翠當為主要材料。

第二節　女性翡翠飾物

目前清宮舊藏的女性珠寶大多和翡翠息息相關，不論是以翡翠為主體還是運用翡翠搭配其它寶石，翡翠都能張顯出其耀眼亮麗的色彩，這些物件都

〔註 55〕國立故宮博物院典藏精選 https://theme.npm.edu.tw/selection，點閱時間：2020/01/19。

是清代早期少見的。

　　清代女性穿戴飾物與禮制的規範沒有太多關聯，清宮制度以外的珠寶如簪子、扁方、手鐲、戒子、耳環、佩子、手串等，〔註56〕結合了珍貴的寶石玉石，制作工藝上運用凸起、陽線、陰線、鏤空等技巧表現形式，金鑲珠寶玉石和極其複雜的掐金絲、點翠等工藝，充分顯示了匠師超高的工藝水平和創造。〔註57〕皇宮后妃們的首飾更是講究，有所謂「戴金翠之首飾，綴珠以耀軀」，〔註58〕后妃們以滿頭珠寶翠玉為榮耀，坊間的女性也依所擁有財力多寡，配戴不同等級的珠寶翡翠飾物以彰顯其身分地位。〔註59〕

一、髮　飾

　　人體的最高處髮的部位是最吸引別人的目光，所以髮飾在裝飾上是相當重要。〔註60〕清宮舊藏的女性髮飾多樣化，但是不論任何一種髮飾，翡翠幾乎都未曾缺席。

　　簪釵、步搖、耳挖簪與扁方均為插戴在婦女髮間的飾物。「簪首」為面，裝飾著精美華麗的珠翠、寶石、點翠等，而插入髮內細長的部位則稱為「挺」。單根挺者稱為「簪」，兩根挺者以上稱為「釵」。簪首垂飾旒蘇，亦步亦搖者稱為「步搖」。簪首前端有耳挖，或實用、或裝飾，或兩者兼備，稱為耳挖簪。〔註61〕

　　「步搖」簪首垂飾旒蘇，在配戴行走時會顯現亦步亦搖的感覺，自古以來就是妝髮不可缺少的髮飾，早在漢墓壁畫中就出現了華鬟間斜插步搖的仕女畫像（圖42）。〔註62〕

〔註56〕陳夏生，〈談清宮寶石應用文化〉，《故宮文物月刊》，351（台北，2012），頁59。

〔註57〕故宮博物院，《故宮珍寶館》，頁105。

〔註58〕魏晉・曹植《洛神賦》。中華古詩文古書籍網，https://www.arteducation.com.tw/shiwenv_0559b0b0f385.html，點閱時間：2020/07/11。

〔註59〕故宮博物院，《故宮珍寶館》，頁105。

〔註60〕那志良，《中國古玉圖釋》，頁255。

〔註61〕陳夏生、嵇若昕〈金珠寶翠巧玲瓏：院藏清代服飾展品選粹〉，《故宮文物月刊》，4：11（台北1987），頁9。

〔註62〕魏德文，《中國古代服飾研究》，頁96。

圖42：漢・戴梁冠貴族男子和二著步搖貴族家屬戰國佩帶鈎青銅奴
（遼寧省三道壕漢墓壁畫）繪圖

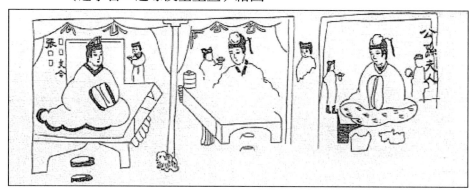

圖片來源：魏德文，《中國古代服飾研究》，頁 95。

唐代服飾因受到胡人穿著的影響，女性使用假髻盛行，步搖也轉變為華麗豐富。〔註63〕從（圖43）李重潤石槨墓門作，二宮中女官盛裝形象，高冠卷雲，前後插金玉步搖，可觀察到唐代髮飾上的佩玉制度亦極嚴整。〔註64〕

到了清代，婦女髮髻上出現更加多元而豐富的珠寶點綴，每逢宮中帝后大婚或吉慶節日，后妃們頭上都會佩戴流蘇裝飾，以增添其華麗和豐富性，晚清翡翠髮飾更是不可缺少，如（圖44）畫像中婦女的裝扮，珠寶首飾幾乎以翡翠材質為主。

〔註63〕陳夏生〈古代婦女的巾冠〉，《故宮文物月刊》，110（台北1992），頁14。
〔註64〕魏德文，《中國古代服飾研究》，頁199。

圖 43：唐‧李重潤石槨綫刻宮裝婦女（繪圖）

圖片來源：魏德文，《中國古代服飾研究》，頁 201。

圖 44：清晚期‧中國貴婦像，香港藝術中心藏

圖片來源：《紫禁城》，5（北京，2018），頁 37。

　　翡翠更可以透過其工藝技法來豐富其物件的多元性，（圖45）為利用雕花的翠玉搭配珍珠、珊瑚最下面在掛上一個鏤雕的翠玉，來加強其垂墜感。

圖45：清・翠玉珊瑚持芝嬰步搖

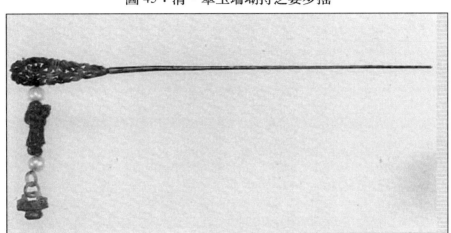

圖片來源：《故宮文物月刊》，47（台北，1987），頁12。

　　或是利用整塊翡翠玉雕手把花葉形狀，再搭配鏤雕的環花籃，呈現精細作工與華麗感，如（圖46）。

圖46：清・雕手把花葉環花籃翡翠步搖，瀋陽故宮藏

圖片來源：《故宮文物月刊》，351（台北，2012），頁37。

　　「耳挖」則為簪首前端呈現耳挖形狀，可以當作掏耳朵的工具來使用，也可以插在頭髮上當做裝飾，或兩者兼備，稱為耳挖簪。（圖47）為利用翡

翠、珍珠形成一朵花和蝴蝶，加上銀鍍金製成的「嵌珠花蝶耳挖釵」。（圖48）則是用整支翡翠一體成型，其上浮雕蝙蝠和壽桃，以作為福壽象徵的耳挖簪。

圖47：清‧銀鍍金嵌珠花蝶耳挖釵

圖片來源：《故宮文物月刊》，47（台北，1987），頁 11。

圖 48：清・福壽耳挖簪，國立故宮院藏

圖片來源：《故宮文物月刊》，275（台北，2006），頁 93。

　　清朝順治二年開始厲行剃髮結辮和清廷服飾的制度。當時婦女常用的鈿子，是以鐵絲或籐為骨，外表裱以黑紗或紅絨緞帶，並綴以由各種珠寶點翠製成的鈿花。此外秋冬戴用的帽子絨毛帽檐上仰，頂部以刺繡、壓金或珠寶裝飾。兩把頭是滿族婦女典型的髮式，在長的髻插上扁方，並綴飾珠寶簪鈿或花朵等。〔註65〕

　　長型的扁方在這階段出現，此與婦人髮型梳成如意頭，也稱一字頭或兩把頭有關。簪首面積變大，並敷設較多的點翠，鑲嵌的寶石以翡翠最為明顯，甚至直接以翡翠琢磨成簪子或扁方。

　　所謂「扁方」為滿族婦女梳旗頭時所插飾的特殊大簪，呈現「一」字形，既長又扁，為滿族婦女梳「兩把頭」時用的頭簪。〔註66〕（圖49）。圖中所呈現的就是兩把頭的髮型款式。

〔註65〕陳夏生，〈清代服飾溯源〉，《故宮文物月刊》，5：5＝53（台北，1987），頁 93。
〔註66〕陳夏生、嵇若昕〈金珠寶翠巧玲瓏：院藏清代服飾展品選粹〉，《故宮文物月刊》，4：11（台北，1987），頁 9。

圖 49：清・道光孝貞皇后軸，北京故宮博物院藏

圖片來源：《故宮文物月刊》，353（台北，2012），頁 61。

　　扁方其製作材質種類豐富，舉凡各種玉石、金、有機材質及各種香木等都可使用，〔註67〕玉石以翡翠與和闐玉為首選，〔註68〕目前仍留下許多清宮舊藏翡翠扁方。

　　（圖 50）扁方完全用翠玉製成，兩端利用玉石的色差做了圖雲的收尾，甚是貴氣。

圖 50：清・翠玉扁方，國立故宮院藏

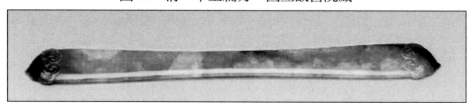

圖片來源：《故宮文物月刊》，351（台北，2012），頁 60。

〔註67〕嵇若昕，〈雲鬢金冠金步搖：談滿族婦女的首飾〉，《故宮文物月刊》，3：3＝27（台北，1985），頁 66。
〔註68〕朱秉鉞，《翡翠史話》，頁 49。

　　下圖為慈禧太后日常穿戴，頭頂上的裝飾物中就插戴著扁方，（圖51）。

圖51：扁方穿戴圖解及慈禧太后圖像

圖片來源：https///joyartcafe.pixnet.net/blog/post/43683904 隱。久翼：痞客
邦，點閱時間 2020/07/10。

　　扁方的藝術表現有著多元化的樣貌，（圖52）這只扁方利用金鏨花鑄成，
中間鑲蝴蝶形狀的嵌碧璽及翡翠，金玉合體極為富貴喜氣。

圖52：清・金鑲碧璽翠珠嵌花扁方，北京故宮博物院藏

圖片來源：故宮博物院，《故宮珍寶館》，頁136。

髮飾雖然只是配戴在頭上的飾物，但是也會依據節氣不同換搭不同材質的配飾。根據德齡《在太后身邊的日子》書中有這樣一段記載：

> 李蓮英來說二十四日是立夏。這一天每個人都得換下金簪，戴上玉簪。太后說：「你提醒我得好。我既叫她們換了旗裝，當然得給她們每人一只玉簪。」於是李蓮英就出去了，一會兒帶來一盒碧綠的翡翠簪。太后揀了一只很美麗的給我母親，說這只簪曾有三個皇后戴過。又揀了兩只很美麗的給我們姐妹倆各一只。說這兩只是一對，一只東太后常戴的，一只是她自己年輕戴過的。〔註69〕

《清稗類鈔・服飾類》「卍字簪」中也提到：

> 孝欽后好妝飾，化妝品之香粉，取素粉和珠屑、豔色以和之，曰嬌蝶粉。即世所謂宮扮是也。宮簪翡翠之深綠，為世所罕有，兩端各鑲赤金卍字七個，曰卍字簪。宮粉既塗，翠簪畢插，輒取鏡顧照數四也。〔註70〕

由此可見，當時的滿族婦女對於髮飾的重視，而翡翠扁方則是髮飾中，最能顯現出時尚感，文中也可看出慈禧太后對翡翠特別的喜愛。

「髮簪」則是古人用以綰起長髮，避免散亂的一種髮飾，其形制為一長針樣，可稱為笄或簪，僅為名稱上的不同而已。據《禮儀・士冠禮》所稱：「皮弁笄，爵弁笄」，〔註71〕笄和簪皆為「竹」字頭，〔註72〕可見早期一般人用的笄是竹子削成的，7000年前的河姆渡文化遺址中發現許多骨器，當中出現土骨笄。〔註73〕另根據安陽殷墟墓的發掘報告，也在死者頭上髮飾

〔註69〕 德齡、容齡，《在太后身邊的日子》（北京：故宮出版社，2011），頁97。

〔註70〕 《清稗類鈔・服飾類》。維基文庫，https://zh.wikisource.org/wiki/清稗類鈔/104#卍字簪，點閱時間 2020/07/10。

〔註71〕 《禮儀・士冠禮》。維基中國哲學書電子化計劃，https://ctext.org/yili/shi-guan-li/zh，點閱時間 2020/07/10。

〔註72〕 《禮儀・士冠禮》。維基中國哲學書電子化計劃，https://ctext.org/shuo-wen-jie-zi/zhu-bu/zh?searchu=笄：簪也%E3%80%82#n29192，點閱時間 2020/07/10。

〔註73〕 嵇若昕，〈雲鬢金冠金步搖：談滿族婦女的首飾〉，《故宮文物月刊》，3：3＝

上面發現骨玉笄，另外還插有一或數枚古琴式的扁平玉簪，〔註 74〕可見髮
簪的運用歷史久遠。

　　《後漢書‧輿服志》中也出現簪的記錄，簪的材質為玳瑁，在周朝玳
瑁必為貴重的材質才為后妃所用：太皇太后、皇太后入廟服……簪以玳瑁
為擿，長一尺，端為華勝，上為鳳凰爵，以翡翠為毛羽，下有白珠，垂黃
金鑷。〔註 75〕

圖 53：骨笄（安陽殷墟五號墓出土）

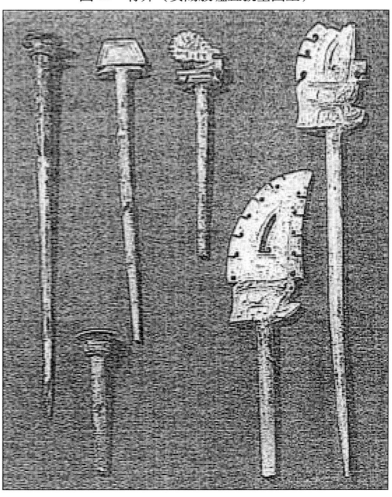

圖片來源：魏德文，《中國古代服飾研究》，頁 11。

　　　　　27（台北，1985），頁 68。

〔註 74〕魏德文，《中國古代服飾研究》，頁 5。

〔註 75〕朱秉鉞，《翡翠史話》，頁 50。

到了明朝，因當時玉料較為豐富，玉件所剩下的細長的玉料，都被運用設計成髮簪。當時最有名的琢玉能手陸子剛作品盛多，流傳許多子剛款玉器〔註 76〕，也包括簪子，目前國立故宮博物院還藏有「子剛」款的簪子。其形制看似簡單，但細看內部的雕工，精細輕巧在樸質的玉料增添許多的變化〔註 77〕，如（圖 54）。

圖 54：明晚期「子剛」款螭紋玉簪，長 12.4 高 1.2 公分，國立故宮博物院藏

全器　　　　　　　　　　　　局部螭紋拓片

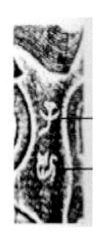

款字　　　　　　　　　　　　款字拓片

圖片來源：鄧淑蘋編，《敬天格物——中國歷代玉器導讀》（台北：國立故宮博物院，2011），頁 137。

時至清朝，當時女性因其髮型變化，簪子的演變也有所區別，大至上分

〔註 76〕張尉，〈隋唐至清代玉器研究的回顧與展望〉，《中國隋唐至清代玉器學術研討會論文集》，頁 90。

〔註 77〕鄧淑蘋編，《敬天格物——中國歷代玉器導讀》（台北：國立故宮博物院，2011）頁 137。

為三個階段：

　　第一階段：清代初期至雍正時期，髮飾用在「鈿子」如平頂帽套的叫做「鈿子」，根據《大清會典》記載，區分不同的等級與款式，上面加金珠翠玉。〔註78〕如清《雍正行樂圖》中的四妃子，其頭飾都帶著鈿子（圖55）。這些鈿子大多裝飾著華麗的珠寶組成吉祥的圖案，而簪子部份亦承襲的明末的形制，與呈現素直而短小的形狀（圖56）。〔註79〕

圖55：清《雍正行樂圖》四妃子部分（繪圖）

圖片來源：魏德文，《中國古代服飾研究》，頁465。

〔註78〕魏德文，《中國古代服飾研究》，頁465。
〔註79〕陳夏生，〈談清宮寶石應用文化〉，《故宮文物月刊》，351（台北，2012），頁60。

圖 56：清・雍正皇帝行樂圖局部，北京故宮博物院藏

圖片來源：《故宮文物月刊》，353（台北，2012），頁 60。

　　第二階段：正逢清代興盛時期，各類工藝創作也達到尖峰階段。簪釵的金工冶鑄講究精美，簪首相對的要比後期稍小而精緻。

　　見（圖 57）為清乾隆時期的簪子，利用銀鍍金內崁珠寶製作出龍戲珠簪，同時點翠的份量佔簪首的面積不會太多，鑲嵌的寶石明顯沒有使用翡翠，反而以珍珠最多，並搭配少許紅色寶石等。〔註 80〕這個時期強調的是匠師的手藝，而並非上面的珠寶，寶石只是點綴而已。

　　第三階段：清中期後假髮盛行，其上裝載更多豐富的頭飾。中國女人使用假髮風氣甚久，透過南北朝的壁畫可觀察到當時侍女高聳的假髮造型，一群侍女都如此梳妝可見假髮造型已是當時流行的裝扮。〔註 81〕

〔註 80〕陳夏生，〈談清宮寶石應用文化〉，《故宮文物月刊》，351（台北，2012），頁 61。
〔註 81〕魏德文，《中國古代服飾研究》，頁 130。

圖 57：清・乾隆銀鍍金崁珠寶龍戲珠簪，長 17 公分，國立故宮博物院藏

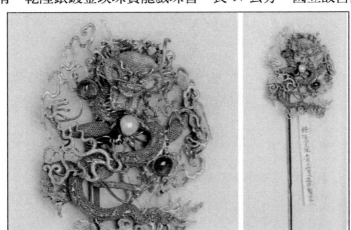

圖片來源：《故宮文物月刊》，351（台北，2012），頁 60。

圖 58：南北朝・雙鬟髻、兩當衫、笏頭履貴族和雙鬟髻侍女磚刻畫像
　　　　（河南鄧縣出土）

圖片來源：魏德文，《中國古代服飾研究》，頁 133。

　　清代婦女則是到了同治時期（1862～1874），才開始使用假髮。其髮型逐漸變高，或者直接用青素緞，青絨或青紗做成一片冠座，固定在頭頂，並於其上裝飾鈿花和簪子，〔註 82〕成為晚清的流行髮型稱為「大拉翅」。〔註 83〕

〔註 82〕陳夏生，〈談清宮寶石應用文化〉，《故宮文物月刊》，351（台北，2012），頁 61。
〔註 83〕揚之水，〈眾香國里的翠色──清代金銀首飾一瞥〉，《紫京城月刊》，216（北京，2013），頁 66。

〈清慈禧太后畫像〉（圖59），其髮型稱為大拉翅，這也是後期簪子的簪首變大的原因，簪子變大使用的髮飾相對增加，這時翡翠盛行，所以翡翠為首的簪子目前存世不少。

圖59：清・慈禧太后畫像

圖片來源：《故宮文物月刊》，153（台北，1995），頁102。

清代簪子的應用與命婦品級並無禮制的關聯性，但到了光緒期間產生另一種用意，鑲嵌珠寶的如意簪成為皇帝選后儀式中的禮器，於眾多候選者中雀屏中選者，慈禧太后賜予如意簪一對插在雙鬢。〔註84〕這時期的簪子相對簡約，但是會運用各式的寶石妝點。如（圖60）的金簪，利用粉紅色碧璽切割出一個桃子形狀，簪身內搭各種不同顏色的碧璽和珍珠。翡翠雕刻並包覆著壽桃，內含祝壽之意。

〔註84〕陳夏生，〈談清宮寶石應用文化〉，《故宮文物月刊》，351（台北，2012），頁61。

圖60：清・金鑲珠碧璽桃蝠簪，長17.5公分最寬2公分，
　　　北京故宮博物院藏

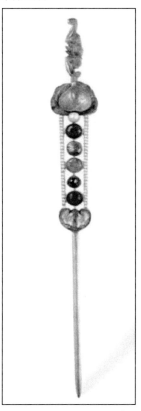

圖片來源：故宮博物院，《故宮珍寶館》，頁112。

　　清末民初時期，婉容皇后受西方影響，喜歡外觀閃亮，造型別緻的髮簪。翡翠也常搭配珍珠、米珠做造型，或以米珠層層裝飾為主，顯示其獨特效果。[註85] 如（圖61）及（圖62）的翡翠簪子，利用整片顏色翠綠上好的翡翠，雕琢出蝴蝶或花瓣款式，並搭配一對裝飾著珍珠的眼睛，或是珍珠的葉瓣，呈現出精細而生動的作工。

〔註85〕李理，〈從影像到實物──婉容皇后的珍珠情懷〉，《故宮文物月刊》，353（台北，2012），頁81。

圖 61：清末・婉容皇后翡翠蝶簪子，瀋陽故宮藏

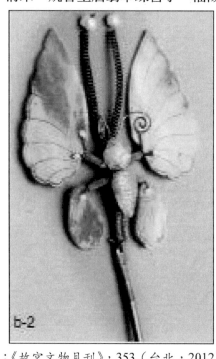

圖片來源：《故宮文物月刊》，353（台北，2012），頁 79。

圖 62：清末・婉容皇后翡翠珍珠簪子，瀋陽故宮藏

圖63：清末‧婉容皇后人物照

圖片來源：《故宮文物月刊》，353（台北，2012），頁79。

　　髮式上的裝飾物件，在清代每個時期都因為髮式和穿著的不同而有了變化，髮型上也因為假髮的運用，使得簪首面積變大增添許多的配件，鑲嵌翡

翠寶石最為明顯及吸睛。由故宮傳世的髮飾物件觀察，翡翠已是清末時期不可或缺的玉石。

二、手　鐲

　　翡翠手鐲在清代中期因應流行，開始量化生產，但是一副好的翡翠玉鐲子要大面積的材料，而且品項要鮮綠、透度要佳，在市場上要取得也極其不易，目前存於故宮博物院的手鐲雖然為數不多，但都是兼具鮮豔色澤及透明度佳的極品。

　　手鐲源於古時期沒有金屬的時代，人們把石頭磨成環狀，平時便戴在臂上當臂飾，拿在手裡就是最銳利的武器，既可防身又可當裝飾用，此為手鐲的歷史演變脈絡。〔註86〕江蘇吳縣草鞋山出土的新石器時代玉鐲，呈平板形，寬而厚，像大孔璧一樣。大汶口遺址中形式也相同，出土發現時因戴在人骨架的臂上，當時的發掘者稱它為臂環。〔註87〕當時的臂飾功能為一種自我防衛的武器，到了弓箭發明之後隨著經濟的發展，生活方式的改變，逐漸成為手腕的裝飾物件。〔註88〕

　　（圖64）為1972年出土於屬於十六國時期的吐魯番墓葬，〔註89〕阿斯塔那187號張氏夫婦合葬墓，墓中壁畫就出現貴婦右手上戴著一手鐲。〔註90〕

　　明代《明史·輿服志》記載：「皇后常服：洪武三年定，雙鳳翊龍冠，首飾、釧鐲用金玉、珠寶、翡翠」，〔註91〕由內文得知，明代手鐲已是后妃必備裝飾物件。

〔註86〕那志良，《中國古玉圖釋》，頁283。

〔註87〕朱秉鉞，《翡翠史話》，頁53。

〔註88〕葉曉紅，〈翡翠飾物的演變和發展〉，中國地質大學碩士學位論文，2005年，頁40。

〔註89〕林聰明，〈吐魯番墓葬文物所見社會文化現象〉，《逢甲人文社會學報第一期》，（台中：2000年），頁81。

〔註90〕維基百科 https:///zh.wikipedia.org/wiki/手鐲，點閱時間2020/07/10。

〔註91〕《明史·志第四十二·輿服二》。維基中國哲學書電子化計劃。https://ctext.org/wiki.pl?if=gb&chapter=450806，點閱時間2020/07/10。

圖 64：吐魯番阿斯塔那 187 號出土《圍棋仕女圖》

圖片來源：維基百科 https:///zh.wikipedia.org/wiki/手鐲

　　現藏於北京故宮清翠鐲子，是一副顏色鮮綠透著玻璃光澤的滿綠翠鐲（圖 65），為皇室所用一定價值不菲。而（圖 66）則為三色共存色彩亮麗的鐲子，此鐲一段綠翠，一段紅翡，一段白地，珠寶市場稱為「福、祿、壽」三喜。（圖 67）則是利用玉石的顏色深淺，雕了一對雙龍吐珠的鐲子，大部分的玉鐲都是呈現圓形為主，會在玉鐲外部雕工，多半是為了遮煙翡翠玉石本身的瑕疵，利用巧雕把此的部分去除，留下品項好的部份。但是此物為

清宮藏品，所以當時如此雕琢可能也別具涵義。

　　清代時翠鐲很多，有價值連城的滿綠翠鐲，也有檔次較差的翠玉。有用金銀鑲崁翠石的手鐲，亦有利用翠石、紅寶石、藍寶石、珍珠、鑽石等材質，互相搭配，呈現燦爛奪目，色澤繽紛的鑲崁手鐲。當時從皇室后妃、王公貴族到平民百姓的婦女，人人都以配戴手鐲為顯富貴。〔註92〕

圖65：清・翠鐲子，直徑8.1公分，北京故宮博物院藏

圖片來源：故宮博物院，《故宮珍寶館》，頁122。

圖66：清・翡翠鐲子，國立故宮博物院藏

圖片來源：鄧淑蘋編，《敬天格物——中國歷代玉器導讀》，頁10。

〔註92〕朱秉鉞，《翡翠史話》，頁56。

圖 67：清‧雙龍戲珠翠鐲子，最大徑 8.0 公分，國立故宮博物院藏

圖片來源：陳夏生，《溯古話今談故宮珠寶》（台北：國立故宮博物院，
2013），頁 201。

三、戒　指

　　翡翠材質的戒指，在清宮所留存的翡翠物件中，因為綠色亮麗的外觀，
常將料好的翡翠一體成型作成戒面，或是搭配其它顏色的寶石做設計，使用
的面積相對較小。

　　新石器時代開始人類就開始戴指環，指環即是戒指，最初將吃完肉的骨
頭截一段戴在手指上當裝飾，隨著指環的使用越來越多各式材質也因應而
生。〔註93〕據《大汶口——新石器時代遺址發掘報告》書中記載，5000 年
前的大汶口文化遺址中已然有人工製作的玉指環，指環上刻有紋飾，也有
鑲嵌寶石。〔註94〕

　　在漢朝時戴在腕上的叫「釧」，戴在指上的叫「指環」也稱做「約指」。
〔註95〕漢朝末年詩人繁欽於《定情詩》說：「何以道殷勤，約指一雙銀」。
〔註96〕但到了明代，在都仰撰的《三餘贅筆》中記載：「今世俗用金銀為

〔註93〕那志良，《中國古玉圖釋》，頁 294。

〔註94〕那志良，〈獺尾、玉指環、轆轤環〉，《故宮文物月刊》，3：10＝34（台北，1986），
　　　　頁 39。

〔註95〕朱秉鉞，《翡翠史話》，頁 56。

〔註96〕魏晉‧繁欽《定情詩》。中華古詩文古書籍網，https://www.arteducation.com.tw/
　　　　authorv_56c629dc10c9.html，點閱時間 2020/07/10。

環，置婦人指間，謂之戒指」，〔註97〕說明到了明朝以後指環改稱作戒指了。〔註98〕

圖68：山東博物館，焦家遺址出土文物亮相，玉指環

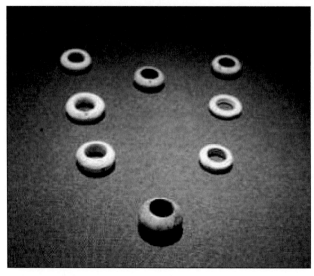

圖片來源：引自尋夢新聞網址 https:///ek21.com/news/2/39418/，點閱時間：
2020/5/2。

圖69：明・白玉戒子

圖片來源：《中國美術分類全集 中國玉器全集 5隋・唐─明》（台北：
錦繡出版社，1993），頁147

〔註97〕《三餘贅筆》。維基中國哲學書電子化計劃，https://ctext.org/wiki.pl?if=gb&res
=579420&searchu=戒指，點閱時間 2020/07/10。
〔註98〕朱秉鉞，《翡翠史話》，頁56。

依據明代出土的戒子來看玉質還是以白玉為主，而綠色翡翠戒指自清朝開始，一直是翡翠珠寶首飾中最為常見的一類。

清代戒指的形制大致上分有馬鐙型、戒箍型，以及用金銀鑲托三類。翡翠馬鐙戒指有滿綠色，但深淺不一，而翡翠戒箍多為滿綠為主。使用金銀鑲托設計的戒指上面的翡翠石，則狀大小不一，呈現如方正、斜方、長型、圓形等形制，大部分是依成品來設計。〔註99〕

（圖70）的金鑲珍珠翡翠戒指，戒箍用的是活口可以改變大小，戒面中間六爪金托崁珍珠一顆，兩邊分別嵌雕刻成蝙蝠狀的翡翠和紅寶石。

馬鐙型和戒箍型都是整個戒指由翡翠一體切磨而成。通常馬鐙面為翠綠色，指圈為白色，取最鮮豔的陽綠為面，也可設計馬鐙面為翡翠，指圈為黃金的組合形制。〔註100〕

（圖71）的戒面為翡翠制，長方隨形、翠綠色，其色澤鮮碧通透，18開金面戒圈，戒圈為死口，背面鐫刻「善記」、「18」等記，為北京故宮博物院藏品。

圖70：清・金鑲珍珠翡翠戒指，徑2公分面長1.8公分，北京故宮博物院藏

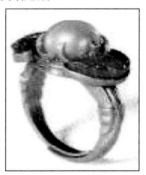

圖片來源：故宮博物院，《故宮珍寶館》，頁127。

〔註99〕朱秉鉞，《翡翠史話》，頁56。
〔註100〕葉曉紅，〈翡翠飾物的演變和發展〉，中國地質大學碩士學位論文，2005年，頁43。

圖 71：清翠戒指，戒面 1.5 公分，寬 1.1 公分，戒圈徑 2
公分，北京故宮博物院藏

圖片來源：故宮博物院，《故宮珍寶館》，頁 127

　　清代保留下來的翡翠戒指傳世品，大多為蛋面，未經雕琢、款式簡單，但是翠色鮮艷、玉石通透，如此的翡翠材質的戒子保值性強，最具有收藏的價值。

四、耳　墜

　　故宮博物院所藏的翡翠耳飾，不論是以精工設計或是整件物件加以雕琢，還是添加各類珠寶做設計，種類多樣化且變化多元性，成品都令人嘆為觀之。

　　婦女的頭部裝飾，除可在頭髮上做各種裝扮，耳朵上的裝飾耳飾亦不可或缺。自古以來，人類就相當重視耳飾，考古發現古代的耳飾，開始於新石器時代華東地區，〔註 101〕自新石器時代起，人類便製作這種小圓璧形有窄長缺口的玉器用來裝飾。

　　雲南晉寧石寨山谷墓葬群也有出土耳飾的相關資料：「上有一小缺口，缺口兩旁各有一孔眼兒，都在骨架的耳下」。〔註 102〕

〔註 101〕鄧淑蘋，〈滇與耳飾玦〉，《故宮文物月刊》，3：6＝30（台北，1985），頁 79。
〔註 102〕朱秉鉞，《翡翠史話》，頁 58。

圖 72：新石器時代早期玉耳玦，查海出土

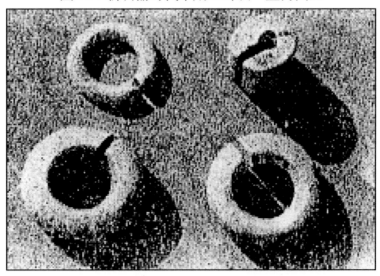

圖片來源：鄧淑蘋，《古玉圖考》（台北：藝術圖書公司，1992），頁 32。

圖 73：中州路出土玦之位置

圖片來源：《故宮文物月刊》，12（台北，1984），頁 98。

　　「玦」之前指的都是服飾器與符節器，近代認為玦也是耳飾之說，是依據出土情形推斷出來的，這些耳飾玦出土時都在頭旁耳部。〔註103〕佩戴玉耳玦的習俗在中原地區至戰國時期已經式微了，〔註104〕魏晉以後此種耳飾玦就不在出現。〔註105〕

圖74：東周‧玉耳玦一對，黃君孟墓出土

圖片來源：鄧淑蘋導讀，《古玉圖考》（台北：藝術圖書公司，1992），頁32。

　　周、漢以後到唐朝，從中原到邊疆，婦女扎耳朵眼戴耳鉗、耳墜的風氣已經相當普遍，《莊子‧德充符》中提到：「為天子諸御，不爪翦，不穿耳」〔註106〕，意思指的是在天子御前伺候的宮女，不剪指甲，不穿耳眼。到了宋代女子帶耳環已經相當普遍，明代以後耳環的材料及式樣既更多元及豐富。〔註107〕

〔註103〕那志良，〈玉耳飾——古玉介紹之十二〉，《故宮文物月刊》，1：12＝12（台北，1984），頁98。

〔註104〕楊建芳，〈耳飾玦的起源、演變與分佈：文化傳播及地區化的一個實例〉，《中國古玉研究論文集下冊》，頁146。

〔註105〕鄧淑蘋，〈瑱與耳飾玦〉，《故宮文物月刊》，3：6＝30（台北，1985），頁86～87。

〔註106〕《莊子‧德充符》。維基中國哲學書電子化計劃，https://ctext.org/zhuangzi/seal-of-virtue-complete/zh?searchu=，點閱時間2020/07/10。

〔註107〕艾冰，《美人裝扮》，頁118。

　　清朝各族婦女大多數會扎耳朵眼兒，並佩戴鉗、墜等飾物，滿州人稱環形的穿耳洞式的耳環為「鉗」，也就是今稱的耳環。滿洲舊有的風氣，旗人婦女一耳戴三鉗，也就是一個耳朵必須穿三個洞，戴三副耳飾。清代后妃們穿戴朝服時都戴三副東珠耳飾，並依品秩不同佩戴不同等級的東珠。〔註108〕但是到了後期就不受限制。

　　自清朝以來，常見的翡翠耳飾製作工藝主要是鑲嵌和雕刻，清中晚期後，鑲嵌製成的翡翠耳飾也不少。這個時期翡翠耳飾令人驚嘆之處，在於對於翡翠本身的雕琢上，紋飾複雜多變，結合浮雕、透雕等技法，鑲嵌用的貴金屬則多是黃金或鍍銀鍍金，形象典雅又精緻。〔註109〕

圖75：清康熙孝昭仁皇后半身像

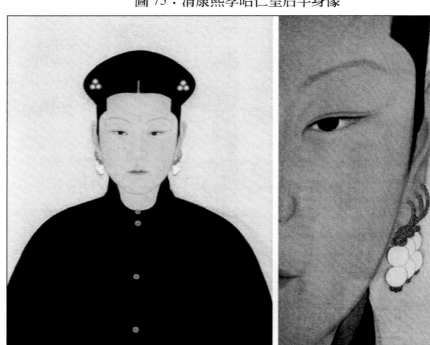

圖片來源：《故宮文物月刊》，353（台北，2012），頁58。

〔註108〕嵇若昕，〈雲鬢金冠金步搖：談滿族婦女的首飾〉，《故宮文物月刊》，3：3＝27（台北，1985），頁71。

〔註109〕葉曉紅，〈翡翠飾物的演變和發展〉，中國地質大學碩士學位論文，2005年，頁32。

圖 76：清·銀鍍金點翠珠寶耳飾

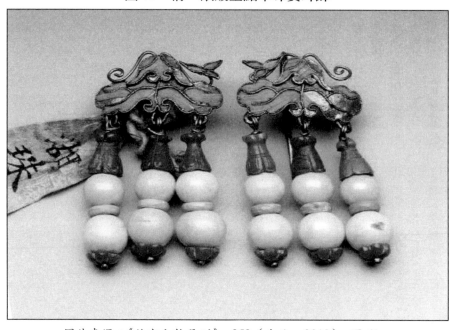

圖片來源：《故宮文物月刊》，353（台北，2012），頁 61。

到了民國初年，鑲嵌的翡翠耳飾更是多見，與鑽石等其他寶石搭配鑲嵌也較為常見。因為皇室喜好綠色貴為美的意象，並逐漸影響民間審美潮流，因此清代至民國的成品，不論是民間工匠亦或是宮廷飾物，皆以綠色翡翠為主。如（圖 77）的耳墜為旒蘇式，以金托為之，上嵌翡翠蝴蝶，背面有金針，用於穿耳。下墜珍珠一串，最上一顆為三等珍珠，下有金托，刻「寶源九金」之戳記。珍珠串下為茄形翡翠墜角，以荷花紋粉碧璽為托，兩側嵌真珠。〔註 110〕此物件利用兩顆極為鮮綠的翡翠玉石，加上圓潤的珍珠做出垂吊感。

另（圖 78）的耳墜翠玉質地，呈半圓形，半綠半白，綠白分明。綠色端有銅鍍金制蜜蜂及長彎針，蜜蜂腹嵌粉紅色碧璽，翅膀由兩組米珠組成，餘皆點翠。兩根長鬚，鬚端各有珍珠二粒。這件耳飾利用點翠和紅寶石、小米珠，結合鮮綠的翡翠，延伸像鳳凰一般的耀眼。〔註 111〕

〔註 110〕故宮博物院，《故宮珍寶館》，頁 119。
〔註 111〕故宮博物院，《故宮珍寶館》，頁 119。

而（圖79）運用細薄的翡翠一體成型，浮雕出蝙蝠和壽桃，極富祝壽的意義，又可剔除玉石本身材料較差的部分，一舉兩得。

圖77：清·金鑲珠翠耳墜一對，長 8.5 公分，北京故宮博物院藏

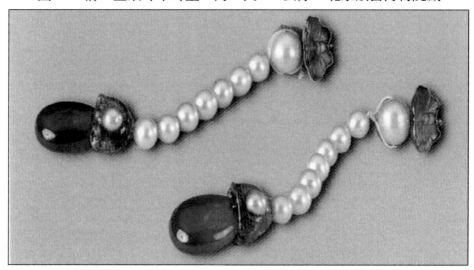

圖片來源：故宮博物院，《故宮珍寶館》，頁 119。

圖78：清·翠嵌寶石耳墜一對，長 2.7 公分，寬 0.6 公分，北京
　　　故宮博物院藏

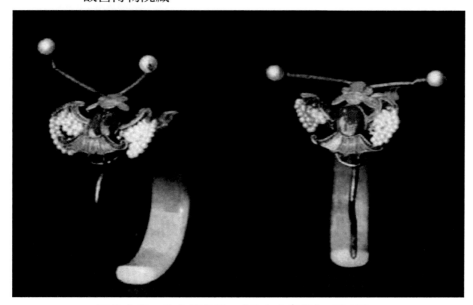

圖片來源：故宮博物院，《故宮珍寶館》，頁 119。

圖 79：雕蝙蝠雙桃翡翠珥一對，瀋陽故宮博物館藏

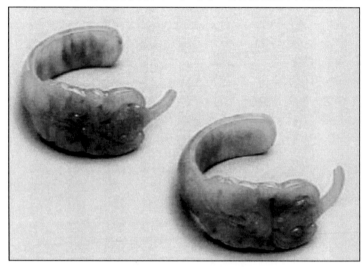

圖片來源：《故宮文物月刊》，351（台北，2012），頁 39。

五、佩　子

　　翡翠飾物中，最能體現中國豐富且深厚傳統文化的飾品，非玉佩莫屬。古時佩玉是依個人喜好琢成一個玉佩，於胸前或掛在腰間隨身佩帶。〔註 112〕既然是配戴於身上最顯眼之處，傳世的翡翠佩子幾乎都是整塊翡翠玉雕琢而成。

　　《禮記・玉藻》：「古之君子必佩玉，右徵角，左宮羽」。〔註 113〕古人對佩玉的愛好有其儒家思想根源，到了禮制的社會蔚為風氣，並且與佩戴其它首飾相比，佩玉還多一個目的，即是行走時玉珮碰出左右不同的聲音，使得先聞聲後見人，更顯尊貴。〔註 114〕所謂「君子無故，玉不去身，君子於玉比德焉」。〔註 115〕因此佩玉一直是身上不可少的物件，常見為男人戴佩於腰帶，女人則戴佩於胸前，造型豐富多樣化。〔註 116〕

〔註 112〕那志良，《中國古玉圖釋》，頁 342。

〔註 113〕《禮記・玉藻》。維基中國哲學書電子化計劃，https://ctext.org/liji/yu-zao/zh，點閱時間 2020/07/10。

〔註 114〕葉曉紅，〈翡翠飾物的演變和發展〉，中國地質大學碩士學位論文，2005 年，頁 36。

〔註 115〕《禮記・玉藻》。維基中國哲學書電子化計劃，https://ctext.org/text.pl?node=60235&if=gb&show=parallel，點閱時間 2020/07/10。

〔註 116〕張湘雯，〈御苑瑤英──清宮珮飾及瑞意陳設選介〉，《故宮文物月刊》，378（台北，1983），28。

圖 80：戰國早期，玉多節佩

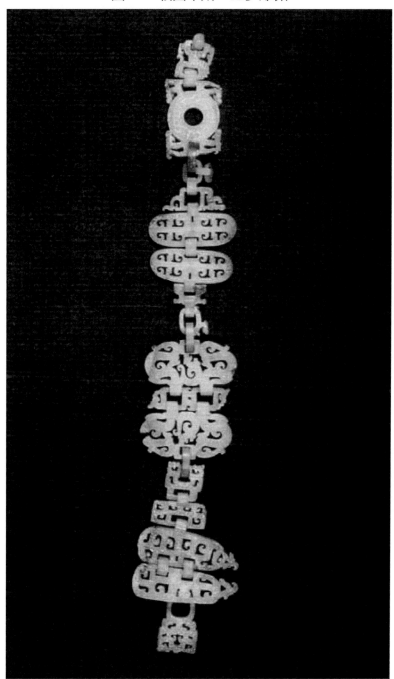

圖片來源：《中國美術全集　工藝美術篇 9 玉器》（台北：錦繡出版社，
1993），頁 62。

　　清代早期，為了拿取東西方便，便興起戴香囊、荷包的習慣，一般不是將荷包直接套在腰帶上，而是找一個薄型的珮栓在荷包的線繩上，別於腰帶間。因為產生新的用途，人們就把「佩」改叫「別子」。〔註117〕

　　當時男人通常喜好在腰帶的前面兩側的佩掛東西，婦女則少繫束腰帶，只在衣襟處掛一兩件小飾物，如耳挖牙剔之類的物件。〔註118〕因此對這些佩掛身上的飾件，多要求做工輕巧，材料也十分精緻珍貴。皇帝常也常以此物賞賜王宮大臣，因此宮內產出許多做工精細的香囊和荷包，形形色色的式樣，圖案五花八門都有，當時人們將這類物品都稱為「別子」。

　　「別子」原本是附屬品藏在腰帶內，但是品質佳且價格不菲的翡翠別子在荷包上，反而喧賓奪主成了主角，使用者將其掛在腰帶上，以顯露出來藉此炫耀。因此讓它又恢復了「佩」的作用。〔註119〕

　　從材質原料上看，明朝玉佩所用的原料為軟玉的白色玉居多，到了清朝除了白玉佩外，開始流行翡翠的玉佩，並且重視玉質和玉色，也添加了許多的變化。〔註120〕

　　（圖81）為一橢圓形佩，翡翠兩面都淺浮雕成荷葉式，正面雕有蝴蝶和海棠花葉各一，上繫璧璽結珠，上下各有米珠一組。整佩葉脈雕刻生動細膩，栩栩如生。（圖82）的翡翠佩為長方形，以竹枝為邊框，底部鏤雕成山石，上有靈芝，佩中鏤雕出竹葉及竹枝。此佩翠色與竹之天然色澤渾然一體，設計精妙。佩上部繫黃絲繩，上有珊瑚結珠，兩端各有結珠一組。翠玉象徵君子之德，而竹又與梅、蘭、菊三者合稱「四君子」，皇帝以此自喻為仁政之君。此件玉料帶有較深的綠色，大部分的工匠針對這種玉料都會將翡翠顏色較差的部分利用鏤雕刻除，讓效果看起來更為整體的。

　　玉佩的用途本來是裝飾用，但因中國人對玉的迷信，所以常常在玉佩上刻上吉祥圖案或文字，寓意著另一種含義。〔註121〕

〔註117〕朱秉鉞，《翡翠史話》頁62。

〔註118〕陳夏生，〈腰帶與腰飾〉，《故宮文物月刊》，2：5＝17（台北，1984），頁8。

〔註119〕朱秉鉞，《翡翠史話》，頁62。

〔註120〕葉曉紅，〈翡翠飾物的演變和發展〉，中國地質大學碩士學位論文，2005年，頁37。

〔註121〕那志良，《中國古玉圖釋》，頁341。

圖81：清・翠花蝶葉式佩，長4公分，寬3.5公分，北京
　　　故宮博物院藏

圖片來源：故宮博物院，《故宮珍寶館》，頁124。

圖82：清・翡翠竹節式佩，長6公分，寬3公分，北京故
　　　宮博物院藏

圖片來源：故宮博物院，《故宮珍寶館》，頁124。

六、手　串

　　手串因為總體積較重所以一般來說都是選擇較輕量的材質，常見翡翠出現在手串的佛頭或墜角部分，整串都是翡翠玉珠的手串，反而並不多見。

　　手串是念珠的縮小，也為唸佛記數的工具。〔註122〕按《皇朝禮器圖式》中珠子穿成，有兩種說法，一是佛教家有十八界之說，另一種說法緣起十八羅漢，因此通常由十八粒珠子串成，適合握在手中或掛在腕上，名為手串，或稱為十八子。〔註123〕其中一顆類似朝珠的佛頭，與佛頭連接也有一佛頭塔，佛頭和佛頭塔的顏色或材質，以及身子上與其相對的那一顆珠子，往往不同於組成身子的珠子材料。〔註124〕（圖83）的〈雍正妃行樂圖〉，當中妃子手拿的即為手串，是用做念佛時記數的念珠使用。

　　直至十九世紀三十年代前後，手串成為服飾上的裝飾品，故備有懸掛功能的環鈕。通常穿對襟衣時，掛在胸前第二顆紐扣上，穿上大襟時，則掛在襟嘴的鈕扣上，逐漸成為懸掛的裝飾品。〔註125〕因為使用的方式改變了，因此手珠的形制和採用的材質，亦出現各類型的變化。

　　第一類手串的形制是單純的念珠。珠材的選用是較為質樸的植物子實、果核、檀香或琥珀、青金石等。此類手串流行於清代早期，其下限尚涵蓋乾隆朝之文物。〔註126〕第二類手串則是強調裝飾性的功能，因而在設計結構上有一專供懸掛的環鈕。由環鈕安置的部位，又可分為兩型：一種是環鈕設在佛頭塔對邊的佛頭處，佩掛起來下垂的長度較長，適宜身材較高大的人佩掛；另一種環鈕設在佛頭塔處，佩掛時背雲垂在珠串之間，整體的長度變短，適宜身材較矮小的人佩掛。〔註127〕

〔註122〕那志良，《中國古玉圖釋》，頁281。

〔註123〕陳夏生，〈再談清代服飾中的朝珠與手串〉，《故宮文物月刊》，274（台北，2006），頁88。

〔註124〕葉曉紅，〈翡翠飾物的演變和發展〉，中國地質大學碩士學位論文，2005年，頁41。

〔註125〕陳夏生，《溯古話今談故宮珠寶》，頁130。

〔註126〕武斌，〈末代皇帝溥儀和他的遺世珠寶〉，《故宮文物月刊》，351（台北，2012），頁61。

〔註127〕武斌，〈末代皇帝溥儀和他的遺世珠寶〉，《故宮文物月刊》，351（台北，2012），頁62。

圖 83：清‧雍正妃行樂圖，北京故宮博物院藏

圖片來源：《故宮文物月刊》，351（台北，2012），頁 61。

　　（圖84）應屬於十九世紀三十年代裝飾性的手串，在佛頭塔處有設計供懸掛的紐環可掛於服飾。

圖84：清‧伽楠木崁金珠、珍珠手串，國立故宮博物院藏

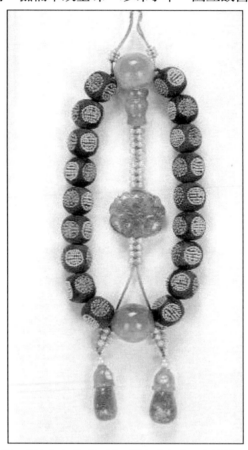

圖片來源：《故宮文物月刊》，351（台北，2012），頁62。

　　手串在十九世紀三十年代前後，女人開始將其做為佩飾懸掛。雖然在光緒皇帝的衣襟嘴上也掛有手串，不過懸掛手串的風氣，到了十九世紀末期，已經式微。

圖85：清‧德宗皇帝常服局部（手串為珮飾懸掛於胸前），北京
　　　故宮藏

圖片來源：《故宮文物月刊》，351（台北，2012），頁17。

圖 86：清·道光孝全皇后（手串為珮飾懸掛於胸前），北京故宮藏

圖片來源：《故宮文物月刊》，351（台北，2012），頁 62。

　　裝飾性的手串，珠材顏色鮮明亮麗，如翡翠、碧璽、珊瑚、紅色寶石等。即便用檀香、伽楠香等木珠，往往還在珠面上嵌金珠、珍珠或珊瑚等米珠。另也常見製手串的珠子或飾件，多少均會採用一點翡翠裝飾。〔註128〕

　　（圖87）的手串由十八顆翠珠組成，其間有粉色碧璽結珠兩顆，下結珠與碧璽佛頭相連。佛頭下有金質鈴杵，上下兩端穿珍珠，中有金點翠六瓣式

<hr>

〔註128〕武斌，〈末代皇帝溥儀和他的遺世珠寶〉，《故宮文物月刊》，351（台北，2012），
　　　　頁 62。

結牌，上嵌紅寶石兩顆，鑽石四顆，正中嵌東珠一。結牌下連碧璽墜角兩個，
墜上方穿珍珠和珊瑚米珠，整串手珠都為顏色鮮正濃郁的綠色翡翠。〔註129〕
此為北京故宮博物院的展品，在當時配戴者一定是非富即貴的尊貴身份。
（圖88）的「帶珠翠碧璽手串」則是由18顆粉色碧璽穿成，中間有翡翠結
珠兩個，稱「佛頭」。其中一佛頭下接佛塔一，繫絲線及一珊瑚杵，下連翡翠
盤腸背雲，上下個繫珍珠一，果實行深綠色翠墜角兩個，墜角上有小珍珠二。
〔註130〕本手串共有紅白珠10組，使用碧璽顏色柔和清澈，綠色翡翠鮮綠亮
眼，紅綠對比顏色極為出色。

　　端看以上這些清宮舊藏的女性珠寶飾物，和禮制上的制度沒有太多關
係。這些飾物的形制與功能，都與清代婦女當時的服飾穿著打扮及流行有著
許多的關聯。

圖87：清・翠十八子手串，周長30公分，北京故宮博物院藏

圖片來源：故宮博物院，《故宮珍寶館》，頁123。

〔註129〕故宮博物院，《故宮珍寶館》，頁123。
〔註130〕故宮博物院，《故宮珍寶館》，頁123。

圖 88：清・帶珠翠碧璽手串，周長 30 公分珠，北京故宮
博物院藏

圖片來源：故宮博物院，《故宮珍寶館》，頁 123。

小　結

　　從目前傳世的清宮舊藏來看，翡翠玉仍以佩飾類居多，而且在明顯的反映在男女服裝與配件上，中華文化從古至今與玉文化有著很深厚的連結，玉器此等象徵文武高官身份的物件，從來都是不可或缺的，當玉穿戴於男性身上時，大多出現在官服品級和禮制上的裝飾性品項，如朝珠、扳指、翎管等物件，長期以來材料都是溫潤的白玉為主，但到了清中晚期後因為翡翠盛行的趨勢，搭載在男性身上的玉石也隨著流行起了變化，選擇翡翠當為主要材料。

　　而女性翡翠藏品的形制和功能性與歷代相比，也少有差異。改變最多的是材質受到西方偏愛寶石的光彩，美麗、稀有的翡翠玉石成為女性珠寶的主流，小至簪子上的搭配，大到整塊面料雕琢成玉鐲，皆善用翡翠亮麗的色彩，營造寶石的光澤。

　　清末宮廷的審美風氣轉向追求奢華鮮豔的裝飾，個人逐漸講究外在排場及身份，炫耀性是當時宮廷及上層社會中時尚的表徵，這種由簡樸素雅轉向奢華鮮豔的轉變，使得富有玻璃光澤般豐富鮮豔的翡翠，在這個時期得到更多的需求，運用於妝點身份的珠寶飾品上。

第四章　翡翠在清代地位的上升：穩定的原料來源與皇室的加持

　　玉在華人的心目中有著崇高美好的品德象徵。長達 8 千多年的中國玉文化史，從新石器時代開始和闐玉（閃玉）便一直主導著中國的玉文化。但從清代中晚期開始，中國的玉文化出現了重大的轉變，一直引領玉文化的主角由翡翠（輝玉）這個後起之秀華麗崛起，改變數千年來用玉的趨勢。並與和闐玉的地位不相上下，開始在中國近代玉文化史上佔有重要的地位〔註1〕。翡翠於十九世紀起短短的幾十年所產生的變化並非一朝一夕可成，這中間經歷了多少時空的轉換，累積多少的社會、文化、經濟等因素，方可造成翡翠迅速的發展。

　　翡翠在中國末代君王帝制之際，是如何逐漸提高其地位，成為近代華人世界最喜歡的玉種。筆者將透過所收集到的相關資料，探討造就此種現象的發生，以及翡翠玉文化引領世界時尚潮流的成因。

第一節　從溫潤的美玉到玻璃光澤的綠色寶石的喜好

　　中華文明發展的悠久歷史中，玉器是一個承載著中華文化的縮影。自古以來，它對中國社會的政治、禮儀、宗教、審美情趣等方面，都有極大的引響力，可以說玉器是中華文明的代表。〔註2〕中國古玉在長達數千年的歷史

〔註1〕 邱志力、吳沫、孟增璐、王學琳，〈清代翡翠玉文化形成探釋〉，《中山大學學報》（社會科學版），1：47＝5（廣州，2007），頁 46。
〔註2〕 牟永抗，《史前琢玉工藝技術》，頁 19。

脈絡裡，在每個朝代中都發展出不同的角色，有著不可忽視的地位。

從新石器時代起，人們以「石」作為主要工具的材質，在打製、琢磨石器的生產過程，〔註3〕發現各類石質不同的硬度、韌性，而區分出各類型石材。質地堅固、細緻、色澤光彩斑斕的彩石，展露出其美麗而有別於其他石材的特色，〔註4〕這種彩石人們將它運用在各式日常生活用具、裝飾品和祭祀用品上。〔註5〕漸漸形成原始質樸的「玉」概念，〔註6〕彩石玉器發展到一定時期，人們才辨別了更為溫潤晶瑩的和闐玉，並慢慢的以之取代彩石玉器。〔註7〕

自夏開始，中國進入人類第一個政治組織之型態的社會，玉器以和闐玉為主體的時期。〔註8〕存在著以「禮」為主的等級制度，「衣服有制，宮室有度」，人們必須按照嚴格的等級規定，來穿著裝飾配件。另外宗教信仰使玉器在禮器中扮演著神秘渾厚的色彩，使得玉器的使用種類豐富多元，且出現大量玉製器物。此階段為玉器的發展成長期。〔註9〕

春秋戰國時期，由儒家所概括的玉器的道德化、宗教化、政治化等觀念，〔註10〕導致傳統玉器繁榮發展，出現了一系列的禮器，〔註11〕這類玉器的用途不同、形制各異、名稱繁複眾多，為玉器的轉變期，和闐玉也進入開發時期。〔註12〕後至戰國時期，儒家思想興起，孔子著重禮制，對於玉製禮器極為推崇。由於儒家思想的介入，玉器從主要用於宗教祭祀鬼神的「法器」，發展成為貴族階級用來彰顯身份地位的佩飾，〔註13〕當時和闐玉大量進入中原，琢刻大量的佩飾，〔註14〕為玉器發展史上重要的改變。然而周王室衰微後，諸侯爭霸出現「禮崩樂壞」的局面，玉器亦不再被上層社

〔註3〕楊伯達，《中國美術全集　工藝美術篇9玉器》，頁3。
〔註4〕古方，《中國古玉器圖典》，頁2。
〔註5〕楊伯達，《中國美術全集　工藝美術篇9玉器》，頁3。
〔註6〕古方，《中國古玉器圖典》，頁2。
〔註7〕楊伯達，《中國美術全集　工藝美術篇9玉器》，頁3。
〔註8〕楊伯達，《中國美術全集　工藝美術篇9玉器》，頁6。
〔註9〕古方，《中國古玉器圖典》，頁3。
〔註10〕楊伯達，《中國美術全集　工藝美術篇9玉器》，頁6。
〔註11〕鄧淑蘋，〈百年來古玉研究的回顧與展望〉，《慶祝高去尋先生八秩榮慶論文集》，頁245。
〔註12〕蔣任華、陳葆章、唐延齡，《中國和闐玉》，頁13。
〔註13〕古方，《中國古玉器圖典》，頁5。
〔註14〕楊伯達，《中國美術全集　工藝美術篇9玉器》，頁11。

會所壟斷，隨葬用玉成為比較普遍的習俗。〔註15〕

　　東周至漢朝時期，配戴玉飾是一種彰顯身份和地位的象徵。社會上形成一股用玉的風氣，成為日常生活人們不可缺少的一部分。從裝飾到擺件，帝王到百姓，以及從生到死的完備葬玉制度，使得玉器得到全面性的發展。〔註16〕漢武帝派張騫通西域「絲綢之路」的開通和闐玉也進入一個新的發展期。〔註17〕然至三國與兩晉南北朝時期，天下動盪不安，戰爭不斷導致經濟蕭條，這時期的玉器工藝又呈現衰落的現象。〔註18〕

　　隋、唐兩朝政治安定，經濟繁榮，玉器工藝美術的發展也出現空前的繁榮。〔註19〕玉器在風格上逐漸擺脫了神秘感，走向比較通俗的裝飾發展，呈現出與生活連結息息相關的氣息。宋代時期宮廷設有玉院，宮廷玉器得到全面的發展，琢玉技藝貼近現實主義，和闐白玉琢成實用器皿〔註20〕，玉器既是商品也是達官貴人收藏的文玩。〔註21〕

　　元明清時期是中國玉器發展的鼎盛期。〔註22〕從大型山玉擺件到小巧雕件佩飾，雕工技術呈現空前的水準，玉器也形成上流社會的一股收藏風氣，但是玉料還是以軟玉為主。

　　清代早期（順治到乾隆二十四年），產玉的新疆和闐因交通不便，玉料運往中國內陸受到限制，玉器生產尚處於低谷。此時期清宮造辦處玉作坊，主要改造以前的舊玉及製作較小的配件。從乾隆二十五年（1760）開始，每年從新疆葉爾羌、和闐等地進貢達二千公斤。〔註23〕玉料供應問題解決，玉器製作呈現繁榮景象，產出的玉器逐漸增量。

　　所以乾隆年間受帝王重視的玉，主要還是新疆和闐玉為主，為宮廷御用玉器的主要材料。〔註24〕乾隆四十一年至乾隆五十三年（1776～1788），這段

〔註15〕古方，《中國古玉器圖典》，頁4。

〔註16〕古方，《中國古玉器圖典》，頁5。

〔註17〕蔣任華、陳葆章、唐延齡，《中國和闐玉》，頁16。

〔註18〕古方，《中國古玉器圖典》，頁6。

〔註19〕楊伯達，《中國美術全集工藝美術篇9玉器》，頁16。

〔註20〕蔣任華、陳葆章、唐延齡，《中國和闐玉》，頁43。

〔註21〕楊伯達，《中國美術全集工藝美術篇9玉器》，頁17。

〔註22〕鄧淑蘋，《慶祝高去尋先生八秩榮慶論文集》，頁253。

〔註23〕蓋瑞忠，《清代工藝史》，頁36。

〔註24〕楊伯達，〈從文獻記載考翡翠在中國流傳〉，《故宮博物院院刊》，2（北京，2002），頁14。

期間是整個清代玉器的水平最高，也是中國玉器發展的巔峰，觀察當時著名的玉雕作品「會昌九老」、「大禹治水圖玉山」等，均以和闐玉為創作材料。〔註25〕

圖89：清・乾隆，大禹治水山子

圖片來源：《中國美術全集　工藝美術篇9玉器》（台北：錦繡出版社，1993），頁196。

〔註25〕邱志力、吳沫、孟增璐、王學琳，〈清代翡翠玉文化形成探釋〉，《中山大學學報》（社會科學版），1：47＝5（廣州，2007），頁47。

圖 90：清‧乾隆，「會昌九老圖」山子

圖片來源：《中國美術全集　工藝美術篇 9 玉器》（台北：錦繡出版社，
1993），頁 195。

　　翡翠發展到了乾隆三十四年（1769）因中緬戰爭結束，而緬甸陸續找到
新礦區，翡翠的貨源才逐漸充足。〔註 26〕觀察清宮檔案也發現乾隆四十五年
以後，貢品清單中陸續出現翡翠供品。〔註 27〕

〔註 26〕洛梅笙，〈浮世芳華──翡翠的前世今生〉，《紫禁城》，5（北京，2018），頁 30。
〔註 27〕徐琳，〈翠華玉意兩逢迎──清代宮廷中的翡翠〉，《紫禁城》，5（北京，2018），
　　　　頁 84。

　　十九世紀下半葉，清王朝內憂外患動盪不安，新疆邊陲亦不寧，和闐玉原料匱乏之際，翡翠經雲南騰沖、大理、昆明轉運北京、上海、天津、南京、杭州、廣州等大城市，〔註28〕大量的翡翠輸入中國內陸，逐漸在玉料市場佔有相當的份量，耀眼的寶石光彩很快取得貴婦，士紳階級的愛好，進而影響皇室，使它身價高漲，逐漸成為中國人心目中的美玉。〔註29〕

圖91：古代玉料產地分佈圖（紅點表示中國古代玉料主要產地）

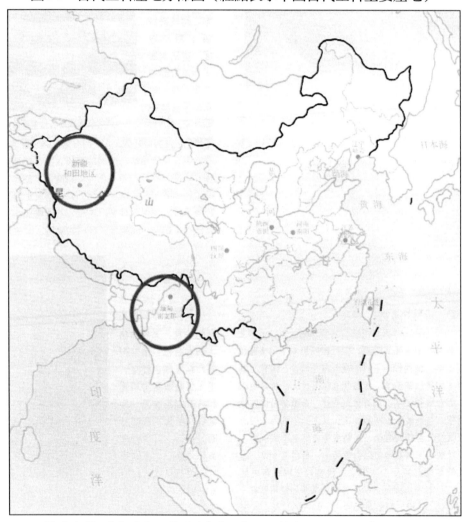

圖片來源：《中國古玉器圖典》（北京：文物出版社，2007）頁 14。

〔註28〕楊伯達，〈勐拱翡翠流傳沿革考〉，《中國歷史文物》，3（北京，2005），頁 16。
〔註29〕鄧淑蘋，〈續談翡翠〉，《故宮文物月刊》，2：5＝17（台北，1984），頁 41。

翡翠在清宮中作為一種新的玉料，多數做為生活用品，其中也有涉及到宮廷典章制度，如用作朝珠、翎管、寶璽等，但都未能進入大典和祭祀場合，極少用於冊寶、祭法、神像等涉及朝廷尊嚴的典章制度方面，這也反映出翡翠在宮廷生活中的不受約束的地位和有別於禮制上的作用。〔註30〕

翡翠的玻璃光澤有別於溫潤的軟玉，成色鮮綠透明度高的翡翠玉石，大部分都被用來製作珠寶首飾，圍繞著人體佩戴著。〔註31〕珠寶類不僅能閃耀美麗的光芒，襯托配戴者的氣質與風範，並象徵使用者的身份與權勢。〔註32〕晚清社會呈現出明顯動盪、開放、變革的態勢，讓數千年的帝制文化和社會結構，逐漸發生變化，當時皇室權力結構在改變，和闐玉所代表的儒家傳統價值觀，在人們心中的地位與影響力逐漸削弱，取而代之的是強調個性與彰顯身份的裝飾。〔註33〕正當和闐玉在新舊價值取向衝突之際，有玉的質地，顏色變化豐富的翡翠，填補了和闐玉商業文化方面的缺位，也滿足了皇室對珠寶首飾和玩物的需要。這種價值觀念的改變，是翡翠玉得以迅速被社會廣泛地接受迎合了社會變動形成了對多元價值觀的需求。

（圖92）國立故宮博物院所藏的翠玉白菜，透出輝石玉的光澤及豐富的多色性及華麗的玻璃光。〔註34〕

翠玉白菜此物件，最能體現翡翠玉石的特性。玉料本身就具有白色和青色兩種天然材質，玉石呈現出輝石耀眼的光芒，工匠運用這個天然特色將綠色的部分雕成葉子上面再加兩隻蚱蜢，白色雕成莖部，幾乎與原物一般徐徐如生，也只有翡翠才能呈現如此特質。〔註35〕

〔註30〕楊伯達，〈清宮舊藏翡翠器簡述〉，《故宮博物院院刊》，2000年第6期總第92期，頁42。

〔註31〕李理，〈從影像到寶物——婉容皇后的珍珠情懷〉，《故宮博物院院刊》，2012年，總期第353期，頁78。

〔註32〕李梅齡、陳慧霞、李逸馨、黃瀅絜，《皇家風尚：清代宮廷與西方貴族珠寶》導覽手冊，台北：雙瑩文創股份有限公司，2012，頁3。

〔註33〕邱志力、吳沫、孟增璐、王學琳，〈清代翡翠玉文化形成探釋〉，《中山大學學報》〈社會科學版〉，2007年，第1期第47卷總205期，頁49。

〔註34〕張麗端，〈翠玉白菜——從材料到作品〉，《故宮文物月刊》，251（台北，2004），頁55。

〔註35〕鄧淑蘋，《敬天格物——中國歷代玉器導讀》，頁160。

圖 92：翠玉白菜，國立故宮博物院藏

圖片來源：筆者拍攝

第二節　慈禧太后的影響

　　晚清時期翡翠被當作珠寶使用，而非禮制上的用玉，逐漸開始受到重視。既然是珠寶，理當佩戴在女性身上最為適宜，首飾化的設計深受女性貴族的喜愛。翡翠突破了數千年的中華玉文化框架，進入玉的經濟領域，〔註 36〕與傳統玉文化具有明顯不同的傳播途徑與特徵。〔註 37〕而這時期女性主義的當權者慈禧太后對碧綠的翡翠珠寶之喜好，造成宮內廣泛流行，並對京城的貴婦階層產生極大的影響。〔註 38〕

　　慈禧太后葉赫那拉氏，生於 1835 年 11 月 29 日，卒於 1908 年 11 月 15

〔註 36〕徐琳，〈翠華玉意兩逢迎——清代宮廷中的翡翠〉，《紫禁城》，5（北京，2018），頁 95。

〔註 37〕邱志力、吳沬、孟增璐、王學琳，〈清代翡翠玉文化形成探釋〉，《中山大學學報》（社會科學版），1：47＝5（廣州，2007），頁 50。

〔註 38〕李理，〈從影像到實物——婉容皇后的珍珠情懷〉，《故宮文物月刊》，353（台北，2012），頁 77。

日，滿洲鑲藍旗人，為清朝末年最後一位皇太后。慈禧太后於咸豐二年（1851）入宮後封為貴人，咸豐六年生皇子載淳（同治皇帝）晉封為懿妃，咸豐七年進為懿貴妃。〔註39〕1862 年同治皇帝即位後，尊封為「聖母皇太后」徽號「慈禧」，人稱為皇爸爸、老佛爺。〔註40〕清同治帝即位，慈禧與慈安太后同御在養心殿裡垂簾聽政長達二十年，直到光緒七年（1881）慈安太后過世，慈禧太后才獨攬大權，到光緒皇帝三十四年（1908）病亡，慈禧太后主宰了清朝政治長達四十七年之久。〔註41〕

　　做為清代後期的女性國家統治者，慈禧太后權力無限，地位顯赫，與一般的帝王相比生活上處處顯的尊貴多采多姿，女性的愛美天性更是展露無遺，如養顏美容，或是珠寶服飾的喜愛。〔註42〕在《清稗類鈔‧豪侈類》中描述慈禧性好妝飾〔註43〕：「孝欽后常御之服，黃緞袍上繡粉紅大牡丹花，珠寶滿髻，左垂珠絡中盤粉紅牡丹，皆以寶石配成……手帶珠玉鐲各一，右手三、五指罩金護指，左手兩指罩玉護指，各長三寸，復帶寶石戒指數枚。鞋亦有珠絡，鑲以各色寶石」。〔註44〕

　　歷代的帝后對於個人的衣著奢簡不一各有所好，如漢文帝身性節儉身穿皂綈，皇后衣不曳地，隋文帝於宮中都穿常服，明成祖衣袖敝垢。〔註45〕但是清代慈禧太后素愛服裝，對衣服非常講究，為此她對衣服的布料、顏色、花紋都特別重視，還成立專屬於她自己的織造服飾用品的小織造——綺華館。〔註46〕清末時期宮中大量製衣全年就耗費數十萬金。〔註47〕

〔註39〕唐瑞裕，〈紫禁城外鳳凰窠——慈禧母家〉，《故宮文物月刊》，11：8＝128（台北，1993），頁 42。

〔註40〕李湜〈慈禧款繪畫及宮掖女畫家〉，《故宮文物月刊》，16：11＝191（台北，1999），頁 92。

〔註41〕唐瑞裕，〈紫禁城外鳳凰窠——慈禧母家〉，《故宮文物月刊》，11：8＝128（台北，1993），頁 42。

〔註42〕司馬長空，〈隱密的清代后宮生活〉，《北京紀事》，2005 年 08 期，頁 64。

〔註43〕陳夏生，〈嫩護玉蔥牙〉，《故宮文物月刊》，3：10＝34（台北，1986），頁 35。

〔註44〕《清稗類鈔‧豪侈類》。維基中國哲學書電子化計劃，https://ctext.org/wiki.pl?if=gb&chapter=446955，點閱時間 2020/07/27。

〔註45〕張吉發，〈慈禧的服飾〉，《故宮文物月刊》，11：10＝22（台北，1985），頁 81。

〔註46〕宗鳳英〈慈禧的小織造——綺華館〉，《故宮文物月刊》，14：5＝161（台北，1996），頁 44。

〔註47〕張吉發，〈慈禧的服飾〉，《故宮文物月刊》，11：10＝22（台北，1985），頁 81。

圖93：清・慈禧太后照，雙手均戴金、玉護指

圖片來源：陳夏生，〈嫩護玉蔥牙〉，《故宮文物月刊》，12（台北，1984），
頁35。

圖 94：慈禧畫像，國立歷史博物館藏

圖片來源：《故宮文物月刊》，22（台北，1985），頁 79。

以下（圖 95）、（圖 96）為慈禧太后生前所喜愛的服飾顏色藕合色。〔註 48〕

圖 95：淺藕合緞平金百蝶馬褂

圖片來源：《故宮文物月刊》，14：5＝161（台北，1996），頁 49。

圖 96：淺藕合緞綉淺彩水仙金圓壽字敞衣

圖片來源：《故宮文物月刊》，161（台北，1996），頁 49。

〔註 48〕宗鳳英〈慈禧的小織造——綺華館〉，《故宮文物月刊》，14：5＝161（台北，1996），頁 49。

　　慈禧太后為了想要長生不老，延壽享盡榮華富貴，日常養生吃燕窩喝人蔘……等補藥不斷，並喜歡利用吉祥話語或身上衣物使用各種含有長壽之紋飾圖案，除了祈神拜佛，表示他對佛的恭敬，喜歡看戲的慈禧還經常穿上佛衣演戲，並自稱為「老佛爺」。〔註49〕

圖97：慈禧裝扮菩薩像

圖片來源：《故宮文物月刊》，161（台北，1996），頁53。

〔註49〕宗鳳英〈慈禧的小織造──綺華館〉，《故宮文物月刊》，14：5＝161（台北，1996），頁54。

圖98：慈禧裝扮菩薩像

圖片來源：《故宮文物月刊》，161（台北，1996），頁52。

　　清末時期西風東漸，人們轉而喜愛高貴珠寶，對於藝術及穿衣風格的審美觀轉變，使得翡翠變身成為珠寶飾品。身為女性的慈禧太后掌握國家大權，但她對「君子之寶」的和闐玉器並無多大的興趣，但對顏色豐富多彩、色澤光亮嬌貴的翡翠珠寶也鍾情有加，因為她的喜愛，不斷向織造和各地海關索貢，當時慈禧常要求清工造辦處按照她的旨意，製作了大量的綠玉首飾。據檔案記載：「謹將遵照畫樣恭製首飾教繕單恭呈慈覽：綠玉扁簪四

對……綠玉溜六對，綠玉戒指六對……」〔註50〕。然當時翡翠價格高漲，因此淮關、江南等處對內廷的攤派都叫苦連天，粵海關亦於同治十三年四月送造辦處文中程表難處：「綠玉本出緬甸，白玉亦非粵東所產……」常以「恐難依期辦足」、「實屬無以購覓」字眼回應。〔註51〕

　　根據筆者查閱自咸豐三年以後，至光緒年間的《各作成做活計清檔》，咸豐年間宮內製作翡翠的紀錄並不多，可見當時翡翠在市場的價格高到連官方都無法輕易取得。可能因為取料不易，所以常見利用有瑕疵的翡翠物件，修改製成其他品項，或與其他的材料重新做成新物件，如檔案紀錄：

> 同治五年十二月十五日庫掌慶桂太監張得錄來說：聖母皇太后　太后下太監劉得印交綠玉山子回殘片二塊硃筆，雙喜字腰結劃樣一張，綠玉扁蝠提頭一樣一件，傳旨：著將硃筆畫樣照樣畫下硃筆交回，照來樣成做綠玉雙喜字大腰結十件，要打三通眼綠玉扁蝠提頭二件，要上下安鼻嘴內要打象鼻眼趕緊成做，欽此。〔註52〕

　　慈禧親自下詔，將二片殘破的山子將它改照成身上雙喜的腰結佩飾十件。

> 同治五年十二月十九日庫掌慶桂太監張得錄來說：聖母皇太后　太后下太監安齡山交綠玉山子回殘片大小四塊，硃筆　雙喜字畫樣二張，綠玉荷花提頭樣一件，綠玉蓮花式腰結樣一件，傳旨：將硃筆畫樣下硃筆交回照來樣成做綠玉喜相逢大腰結五件，綠玉風帶雙喜字五件，荷花提頭四件，蓮花式腰結四件，趕緊成做，欽此。於二十九日太監黃永福將做得珊瑚腰結碧玡腰結等持，進呈。〔註53〕

　　相隔數日慈禧同下詔，將四片殘破的綠玉山子將改照成身上雙喜的腰結、荷花提頭……等。

> 同治七年三月十二日庫掌慶桂太監張得錄陳雙喜來說：聖母皇太后下太劉雙喜交綠玉回殘大小九塊，珊瑚枝四塊，傳旨：做綠玉蘭芝

〔註50〕邱志力、吳沫、孟增璐、王學琳，〈清代翡翠玉文化形成探釋〉，《中山大學學報》(社會科學版)，1：47＝5（廣州，2007），頁46。

〔註51〕鄧淑蘋，〈談翡翠〉，《故宮文物月刊》，2：3＝15（台北，1984），頁97。

〔註52〕國立故宮博物院圖書文獻館《同治年間各作成做活計清檔》，Box-No.036-553-582。

〔註53〕國立故宮博物院圖書文獻館《同治年間各作成做活計清檔》，Box-No.036-561-582。

花桃牌十件珊瑚龍睛魚表辦四件，欽此。於四月十二日太監張得祿，

將上傳活計前後陸續一並交完訖。〔註54〕

同治年間透過活計檔案發現，聖母皇太后直接交太監將綠玉殘片重新改製其他物件共有三筆，幾乎沒有發現用原材料翡翠玉石加工成新物件的記錄。

在咸豐、同治年間的《各作成做活計檔》中筆者查詢綠玉翡翠找辦新作的成品，也只有以下資料兩筆（圖99）：

圖99：《同治年間各作成做活計清檔》，BOX-NO.39-417-514

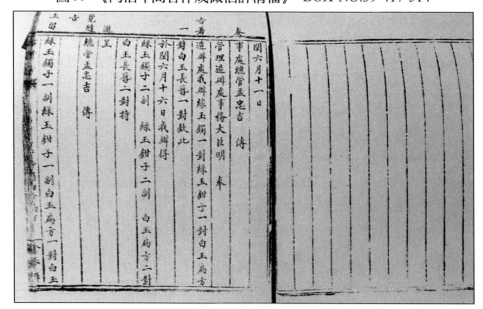

圖片來源：筆者拍攝

咸豐七年二月二十一日庫掌文琦太監鄧福來來說太監平順，傳旨：

著買辦綠玉珊瑚松石品級圈每樣要二十箇。〔註55〕

這裏傳旨買辦的綠玉品級圈二十個，雖不知是成品或原物料，但應該是準備要製成某種物件有需要才購進這個量數。

同治十二年　閏六月十一日奏事處總管孟忠吉，傳管理造辦處事務

大臣明奉旨：著造辦處找辦綠玉鐲一對，綠玉鉗子一對，白玉扁方

〔註54〕國立故宮博物院圖書文獻館《同治年間各作成做活計清檔》，Box-No.037-65-546。

〔註55〕國立故宮博物院圖書文獻館《咸豐年間各作成做活計清檔》，Box-No.032-83-556。

一對，白玉長簪一對，欽此。於閏六月十六日找辦得綠玉鐲二副，

綠玉鉗子二副，白玉扁方二對白玉長簪二對。〔註56〕

依照以上活計檔記載，造辦處找辦的都是玉鐲、扁方、長簪這類女性珠寶佩飾，當時應該是屬於慈禧太后個人所需求的物件。

同治十二年開始，江南織布、蘇州織造、粵海關幾乎隔半年都會進貢不少貢品，進貢的項目大多是紗料袍，褂料也會附上玉如意、鐲子、髮簪等。但一直到光緒四年粵海關等進貢的物品才出現翡翠相關記錄，但其數量也不多，光緒年間活計檔紀錄翡翠共出現幾次如（圖100、101、102）：

光緒四年十二月二十二日主事綱增太監楊雙福將粵海關監督俊啟恭進，鼻烟四瓶、上用定織……江綢掛料十件……翡翠佛頭伽楠香朝珠一盤、福壽字銀錁四千錠。〔註57〕

圖100：《光緒年間各作成做活計清檔》，BOX-NO.43-524-563

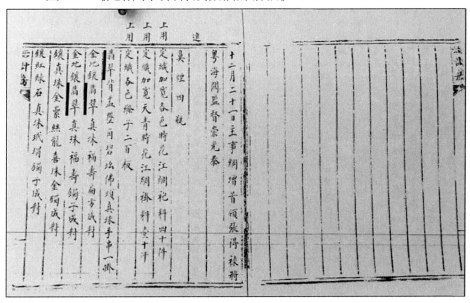

圖片來源：筆者拍攝

〔註56〕國立故宮博物院圖書文獻館《同治年間各作成做活計清檔》，Box-No.39-417-514。

〔註57〕國立故宮博物院圖書文獻館《光緒年間各作成做活計清檔》，Box-No.42-18-563。

圖 101：《光緒年間各作成做活計清檔》，BOX-NO.43-254-563

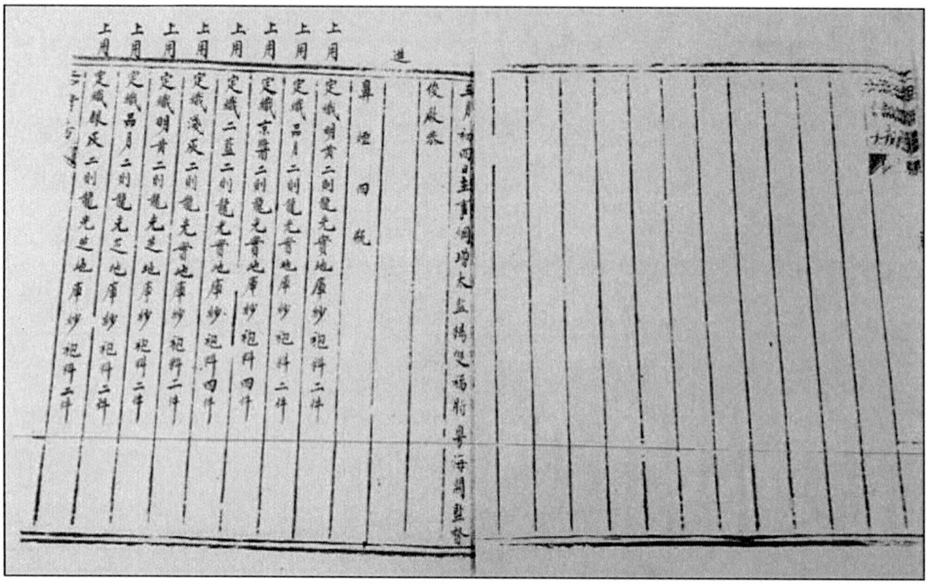

圖片來源：筆者拍攝

圖 102：《光緒年間各作成做活計清檔》，BOX-NO.43-255-563

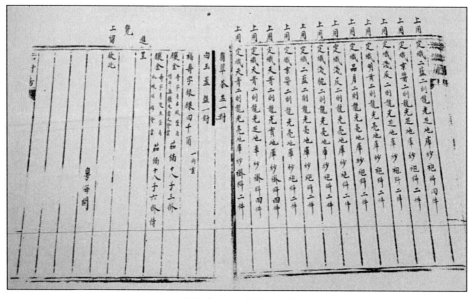

圖片來源：筆者拍攝

　　查閱活計檔記載發現自光緒四年開始「粵海關」大概每隔半年進貢一次，在諸多的進貢物品上翡翠的物件只有一項為翡翠佛頭伽楠香朝珠一盤。

　　光緒六年五月初四日主事綱增太監楊雙福將粵海關監督俊啓恭進，

鼻烟四瓶、上用定織……庫紗掛料二件〔註58〕、翡翠茶盅一對、福壽字銀錁四千箇一兩重。〔註59〕

相隔半年進貢物品上翡翠的物件也只有翡翠茶盅一對。

光緒七年十二月二十一日主事綱增首領張得錄將粵海關監督崇光恭進，鼻烟四瓶、上用定織……、翡翠背盂墜角碧玖佛頭珍珠手串一掛、金地鑲翡翠珍珠福壽扁方成對、金地鑲翡翠珍珠福壽鐲子成對。〔註60〕

本次的進貢就出現翡翠手串、翡翠扁方、翡翠鐲子等多種的女性翡翠飾件，而且多加上福壽設計，不知是否為了慈禧太后賀壽所準備的。

光緒八年五月初四日主事綱增首領張得錄將粵海關監督崇光恭進，鼻烟四瓶、各色紗五十件……鑲碧玖翡翠迦楠香扁方二支……。〔註61〕

本次進貢除了固定的鼻煙壺、布料外，翡翠的物件也只有，鑲碧玖翡翠迦楠香扁方二支。

光緒十年九月三十日值庫掌國旺催長恆光值房太監楊雙福將粵海關監督海緒恭進，各色玉石如意九柄、各色江綢袍料四十件……翡翠佩玉一對、……五十兩重大元寶一千箇。〔註62〕

本次9月進貢不在固定的年底時間進貢，除了玉如意、布料外，翡翠的物件也只有翡翠佩玉一對。

參考咸豐到光緒年間各作活計清檔，發現宮中內廷製作翡翠物件少之又少，幾乎都是修繕見新的工作。對比當時慈禧太后擁有的大量珍貴珠寶，大部分應該都來自宮外，且進宮時都已經是成品。根據當時粵海關等進貢的翡翠物品，晚清慈禧掌權時期所制翡翠器物多為扁方、簪、環等花素首

〔註58〕國立故宮博物院圖書文獻館《光緒年間各作成做活計清檔》，Box-No.43-254-563。

〔註59〕國立故宮博物院圖書文獻館《光緒年間各作成做活計清檔》，Box-No.43-255-563。

〔註60〕國立故宮博物院圖書文獻館《光緒年間各作成做活計清檔》，Box-No.43-524-563。

〔註61〕國立故宮博物院圖書文獻館《光緒年間各作成做活計清檔》，Box-No.44-20-571。

〔註62〕國立故宮博物院圖書文獻館《光緒年間各作成做活計清檔》，Box-No.42-278-617。

飾，製作地點可能是粵海、淮關等地，〔註63〕但是每次進貢的翡翠物件都只有一、二件，要符合進貢等級的翡翠，當時已經不容易取得，可見宮外的翡翠市場已經是非常熱絡奇貨可居。

慈禧太后在當時對翡翠珠寶的喜愛，其實是出於女性愛美的本質，尤其是當時所流行的指標性珠寶。德齡、容齡《在太后身邊的日子》文中慈禧太后說：「我相信外國人都不如中國人富，他們戴著極少的珠寶。人家告訴我，世界上沒有一個皇帝有像我這麼多的珠寶，雖然我還在隨時增添我的珠寶」。〔註64〕

書中也提到：新年裡各總督和大官都要送太后禮物，太后一一把它們看過，有心愛的就放著用，沒有用的，就鎖在庫內，或許永遠不再啟視。這些物品中包括細小的用具、珍寶、鑽石、綢緞，甚至衣服，總而言之，各物都有。

於《清稗類鈔・豪侈類》「孝欽后之珠寶飾器」也記載：「孝欽后宮中儲藏珠寶之屋，有三面木架，由上至下，中置檀木盒一排，各標名稱，凡三千箱，尚有儲藏他處者」。〔註65〕慈禧當時擁有的珠寶房，屋裡大約有三千盒的珠寶首飾，包含了各式珍珠、珊瑚、金銀、寶石、翡翠等飾品。〔註66〕當時慈禧自許為「帝」，所能代表和彰顯其身份，貴重珠寶當然是最好的象徵。

慈禧太后對於珠寶的喜愛，從畫像中可窺知一二，（圖103）畫像為美國女畫師密斯卡爾為慈禧太后所繪。據德齡《在太后身邊的日子》書中所記載：

> 太后為此還刻意打扮穿上黃袍，挑了一件上面繡著紫色牡丹花的，鞋子和手巾都是這種花樣，又戴上藍色絲圍巾上面繡著「壽」字。每個壽字中央有一顆珍珠。手上戴一對玉手鐲和玉護指。頭上一邊帶著玉蝴蝶和瓔珞，另一邊戴著鮮花。〔註67〕

〔註63〕楊伯達，〈清宮舊藏翡翠器簡述〉，《故宮博物院院刊》，6（北京，2000），頁42。

〔註64〕德齡、容齡，《在太后身邊的日子》，頁35。

〔註65〕《清稗類鈔・豪侈類》。維基中國哲學書電子化計劃，https://ctext.org/wiki.pl?if=gb&chapter=446955，點閱時間：2020/07/27。

〔註66〕德齡、容齡，《在太后身邊的日子》，頁43。

〔註67〕德齡、容齡，《在太后身邊的日子》，頁138。

圖 103：清・慈禧太后畫像，國立故宮博物院

圖片來源：《故宮文物月刊》，153（台北，1995），頁 102。

圖 104：清‧慈禧太后像照片

資料來源：https:///upload.wikimedia.org/wikipedia/commons/2/2c/The_CiXi_

Imperial_Dowager_Empress_%285%29.JPG，點閱時間：2020/3。

慈禧太后在重要的時候裝，身上的妝扮總是少不了穿戴翡翠。上述慈禧太后的畫像或照片中，身上的配飾耳環、手環、介子都以翡翠為主，可見翡翠是當時流行時髦珠寶，慈禧在重要的時刻都使用翡翠來做裝扮。

清末時期中國雖然國力式微，但慈禧太后對於來訪的西方外賓餽贈之禮常以女性的珠寶相贈。德齡《在太后身邊的日子》，書中提到：「慈禧太后接見英國公使湯雷夫人時公使夫人贈送慈禧一個白金托鑲崁金鋼鑽的扣

針，慈禧回送她一對翡翠戒子、一對金胎崁珠子的戒指，還有一些尺頭」。
〔註 68〕透過當時東西方的交流，將東方的玉石文化引入西方世界，並將西
方華麗的寶石概念帶入中國。〔註 69〕

小　結

　　中國的玉文化一直是以和闐玉為首，翡翠玉石直到明代才透過貿易方式
進入中國，到清代初期被當做地方上的貢品進入清宮，但並未真正受到皇室
重視，至十八世紀末葉，翡翠開始大量輸入中國，因為其色彩繽紛、質地優
良堅韌，被當作寶石用玉，運用在珠寶佩飾。翡翠因為其獨特性，在女性身
上展體現出寶石的特質，而受到慈禧太后的鍾愛，宮內嬪妃與貴族們亦受到
影響，爭相擁有與佩戴。促使翡翠玉石的地位逐漸上升，成為彰顯佩戴者的
人品、身份地位之象徵。

　　誠如李建緯老師在〈時尚與身份〉一文中所論述的：飾品是人們裝飾自
我，顯示個人對身體高度興趣的鮮明證據。它反映了社會象徵、宗教信仰、
審美品味與佩戴者的身份地位。〔註 70〕

　　翡翠之所以被製成飾品，與其審美價值（光澤度）、經濟附加價值（稀
有度）、及加工（玉匠的巧思）息息相關，這些因素在這個年代被凸現彰顯
出來。

〔註 68〕德齡、容齡，《在太后身邊的日子》，北京：故宮出版社，2011 年，頁 265。

〔註 69〕鄧淑蘋，〈玉的鑑定八法〉，《故宮文物月刊》，3：3＝27（台北，1985），頁 86。

〔註 70〕李建緯，《中國金銀器的時尚、表徵與技藝》（台中：捷太出版社，2013），頁
　　　　16～21。

第五章　結　論

　　翡翠的歷史悠遠，但於清代彰顯出其特質，華麗變身，影響至今。筆者觀察本文內所列舉之諸多清代翡翠裝飾用玉，依循前人翡翠資料整理的軌跡，比對當時清宮造辦處的檔案資料，發現以下幾個重要成因，影響甚深。

一、帝王與帝后用玉習慣的差異

　　中國向來是以帝王制度統治著百姓，玉石文化從石器時代以來所扮演的是高不可攀的神權、以及祭祀的代言，在中國的歷史上從不缺席。周朝以後發展至身上的配件，直至清初它不僅成為君王喜愛的擺件，並延伸到世俗的百姓身上，成為簡單內斂的佩飾，屬於一種身份的象徵。但這一切還是以男性為主，女性在玉器上的使用相對並不多見。

　　玉石的使用規模大、需求量多，所以在玉料上的取得大部份都是就地取材。中國境內的和闐白玉因質地溫潤，符合君子溫溫儒雅的特質，一直是帝王時期受重視的玉石。而翡翠玉石作為一種來自緬甸的外來玉料，很難融入數千年的玉文化當中，就如同我們生活所需的東西一定是符合自己生活的文化和當地的審美觀念，要接受一種新的產品必須事先接受到它的訊息，發現它的優點及我們想要的目的，才會進而去接近它、使用它。

　　翡翠由於它具有輝石類的玻璃光澤，與傳統封建帝王制度喜好的和闐玉溫潤感互相抵觸，因此在男性帝王當道之際並未受到翩翩君子的喜好，但是當它被當成寶石加以運用放在一個對的地方，翡翠的特性就展露無遺，翡翠的角色不再是一般的玉器，而成功的轉變為珠寶佩飾。

二、女性主義的影響

清末慈禧太后掌握實際上的權利後以帝王自居，女性所需要彰顯的，不再是男性主義的君子風範，而是女性愛美的天性，一般的女性對於妝容都會非常在意，更不用說這位當權的女性主導者。我們從慈禧太后的相關資訊可以看出她對生活作息上的衣、食、用具……等，都是非常的講究及奢華。慈禧太后掌權之時特別珍愛穿戴在身上的裝飾品，舉凡當代女性會用得到的，扁方、髮簪、戒指、手鐲和配飾等，都以翡翠珠寶飾物為首選，而非帝王關乎朝廷禮制的玉石重器。透過清宮活計檔案可以看出，19世紀當時中國內憂外患頻傳而導致國庫空虛，此等作派實屬不易，但也不減慈禧太后對翡翠的喜愛，於私皇室貴族們年節進貢，免不了翡翠珠寶為上品，於公也動用權力促使各地織造、鹽政、等於宮外尋索各種翡翠玉器，這也讓當時在民間已經行情高漲的翡翠珠寶走入宮廷，成為「皇家玉」，被公認為當時的玉石新貴。

翡翠玉石在中國的歷史中，於清代見證到中國清皇室最後的變化，是一個帝王制度走向開放的民族社會時期，執政的女性上位者在國家存亡之際仍不忘華麗絢爛的外表，唯有皇室的加持才得以讓翡翠發揮其貴族寶石的效用，晚清時期翡翠玉器文化成功轉型為貴重珠寶，這是其他玉石所無法替代的。

西方國家自第一次大戰後，女性大量投入就業市場，女性經濟自主、意識抬頭，相對的以女性為主的服飾、珠寶飾品等行業大大提昇。〔註1〕十八世紀西方資本主義的興起並快速發展，東方世界的含蓄內斂與西方國家的現代華麗，在不斷的交流之下，兩種不同審美觀念之間的隔閡，逐漸打破。翡翠因為慈禧太后之尊寵而急速攀升的地位，影響了皇宮貴族的喜好及整個民間潮流，而此時東西方文化的融合，必定受到了西方這股特殊流行而有所影響，使得當時的裝飾藝術和審美觀西化。

三、十九世紀翡翠進入西方世界

不同於其他種類的傳統中國珠寶，因翡翠可做為投資收藏及增值、保值等屬性，西方國家對於其接受度比起其它材質相對來的高。作為神秘的舶來品，向來只使用貴重金屬與高級寶石製作珠寶的工坊及設計師，不僅爭相讓

〔註1〕 李梅齡、陳慧霞、李逸馨、黃瀅絜，《皇家風尚：清代宮廷與西方貴族珠寶　導覽手冊》，頁W28。

翡翠融入他們的首飾創作，更使翡翠與鑽石及鉑金、琺瑯彩等異材質結合，碰撞出東西合璧的嶄新火花。

歐洲各國皇室自古以來，對於絢爛華麗的裝飾是一貫的風格，持續求新求變的工藝師們，亦不斷地向歐洲以外的異域國家探索各種珠寶與異文化結合的可能性，其中諸如印度、中東等地的伊斯蘭文化，都曾受到歐洲貴族的追捧與喜愛。遲至 19 世紀，當西方帝國主義敲開了清末封建社會的大門之時，身價已水漲船高的翡翠，亦不遑多讓地進入到西方工匠們的創作元素當中，輕易地登堂入室成為歐洲上流社會的珠寶新寵。

此時不同材質及樣式的設計，紛紛被嘗試與翡翠做結合，激發出了高級珠寶前所未有的新風貌。其中最大的變化可由 18～19 世紀的西方珠寶所見一般。東西方珠寶文化於歷史上有了直接的交流與接觸，逐使珠寶呈現更為多元的風格，西方引領時尚設計的珠寶業者，包括由路易‧法蘭梭‧卡地亞（Louis-Francois Cartier, 1819～1904）所創辦的法國珠寶工坊卡地亞（Cartier）在內的珠寶業者產生了重大影響。〔註2〕

卡地亞（Cartier）為西方知名宮廷珠寶商，歷史悠久，曾為眾多名流貴族打造經典永恆的傳世之寶，其作品多喜用鑽石搭配鉑金或各類多色寶石。當時因應英法多國的國際版圖擴展，翡翠不再為清朝工匠專寵。

透過台北國立故宮所展出的《皇家風尚──清代宮廷與西方貴族珠寶》之聯展可以發現，卡地亞於 19 世紀末至 20 世紀中，以翡翠及玉璧為靈感，設計了香煙盒、耳墜、別針、項鍊、戒指等不計繁數的配飾。由（圖67）及（圖68）等可看出，玉石搭配了琺瑯彩、鑽石、鉑金、藍寶石、祖母綠等異材質，雖非中國傳統上習慣的搭配方式，但在視覺上卻一點也不突兀。相對於翡翠在東方首飾裡的應用，多是以細膩、含蓄的方式刻畫出意境，歐洲則是吸收了此一特點，創作出揉合了中國風味與西方現代感的摩登作品。

〔註2〕 李梅齡、陳慧霞、李逸馨、黃瀅絜，《皇家風尚：清代宮廷與西方貴族珠寶　導覽手冊》，頁 E3。

圖 105：耳環一對，1926，卡地亞紐約鉑金、鑽石、玉、
　　　　珊瑚和紅色琺瑯

圖片來源：李梅齡、陳慧霞、李逸馨、黃瀅絜，《皇家風尚：清代宮廷與
　　　　西方貴族珠寶導覽手冊》，頁 55。

圖 106：印璽錶胸針，1926，卡地亞巴黎金、鉑金、鑽
　　　　石、紅寶石、玉、縞瑪瑙、黑白琺瑯彩

圖片來源：李梅齡、陳慧霞、李逸馨、黃瀅絜，《皇家風尚：清代宮廷與
　　　　西方貴族珠寶導覽手冊》，頁 60。

圖 107：吊墜，1921，卡地亞巴黎鉑金、紅寶石、玉、鑽石

圖片來源：李梅齡、陳慧霞、李逸馨、黃瀅絜，《皇家風尚：清代宮廷與西方貴族珠寶導覽手冊》，頁 60。

19 世紀的東西方文化藝術交流，讓翡翠走向世界，21 世紀全球的拍賣市場翡翠價格屢創新高。2014 年於蘇富比（Sotheby's）的春拍上，拍出了一億港元的天價翡翠珠項鍊（圖 108），刷新了翡翠在國際市場的成交紀錄。

圖 108：翡翠珠鍊，蘇富比拍賣公司，2014 春拍拍品

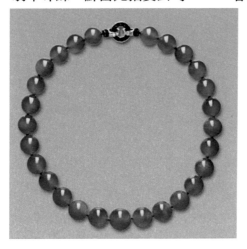

圖 109：翡翠珠鍊，蘇富比拍賣公司，2014 春拍拍品局部

資料來源：https://www.sothebys.com/zh-hant/?locale=zh-Hant，點閱時間：

2020/03/28。

　　翡翠本身除了所承載來自玉文化當中的君子內涵與吉祥寓意，更為其本身添加了其它珠寶所沒有的附加價值，其價值穿越了文化的藩籬，從十八世紀開始立足於中國、放眼於全球，至今其價值屹立不搖。限於個人能力有限，本文僅就清宮舊藏之翡翠裝飾用玉加以分析，更具體陳述翡翠在清代轉變的成因。

參考文獻

一、古　籍

1. （清）吳清卿，《古玉圖考》，台灣中華書局，1973。
2. （清）紀昀，《閱微草堂筆記》，上海古籍出版社，1980。

二、專　書

1. Donald Preziosi 主編，易英等譯，《藝術史的藝術：批評讀本》（上海：上海人民出版社，2015）。
2. 古方，《中國古玉器圖典》（北京：文物出版社，2007）。
3. 艾冰，《美人裝扮》（台北：水星文化事業出版社，2017）。
4. 朱秉鉞，《翡翠史話》（北京：紫京城出版社，1994）。
5. 朱倖誼，《寶石珍賞誌》（台北：積木文化，2003）。
6. 牟永抗、雲希正，《中國美術分類全集中國玉器全集　1 原始社會》（台北：錦繡出版社，1993）。
7. 牟永抗，〈關於史前琢玉工藝考古學研究的一些看法〉，《史前琢玉工藝技術》（台北：國立臺灣博物館，2003）。
8. 李久芳，《中國美術分類全集中國玉器全集　6 清代》（台北：錦繡出版社，1993）。
9. 李建緯，《中國金銀器的時尚、表徵與技藝》（台中：捷太出版社，2013）。
10. 李英豪，《保值翠玉》（台北：藝術圖書公司，1997）。

11. 李梅齡、陳慧霞、李逸馨、黃瀅絜,《皇家風尚:清代宮廷與西方貴族珠寶　導覽手冊》(台北:雙瑩文創股份有限公司,2012)。

12. 那志良,《中國古玉圖釋》(台北:南天書局有限公司,1990)。

13. 故宮博物院,《故宮珍寶館》(北京:紫禁城出版社,2004)。

14. 胡全芳,《東方之寶翡翠祕笈》(台北:淑馨出版社,1997)。

15. 陳夏生,《溯古話今談故宮珠寶》(台北:國立故宮博物院,2013)。

16. 張尉,〈隋唐至清代玉器研究的回顧與展望〉,《中國隋唐至清代玉器學術研討會論文集》(上海:古籍出版社,2002)。

17. 楊伯達,《中國美術分類全集中國玉器全集　5 隋‧唐—明》(台北:錦繡出版社,1993)。

18. 楊伯達,《中國美術全集工藝美術篇9 玉器》(台北:錦繡出版社,1993)。

19. 楊建芳,〈耳飾玦的起源、演變與分佈:文化傳播及地區化的一個實例〉,《中國古玉研究論文集下冊》(台北:眾志美術出版社股份有限公司錦繡出版社,2001)。

20. 蓋瑞忠,《清代工藝史》(台北:臺灣省立博物館,1996)。

21. 賈峨,《中國美術分類全集中國玉器全集　3 春秋—戰國》(台北:錦繡出版社,1993)。

22. 德齡、容齡,《在太后身邊的日子》(北京:故宮出版社,2011)。

23. 歐陽秋眉,《翡翠選購》(香港:天地圖書有限公司,1998)。

24. 蔣任華、陳葆章、唐延齡,《中國和闐玉》(香港,新疆人民出版社,1994)。

25. 鄧淑蘋,〈百年來古玉研究的回顧與展望〉,《慶祝高去尋先生八秩榮慶論文集》,(台北:正中書局,1991)。

26. 鄧淑蘋導讀,《古玉圖考》(台北:藝術圖書公司,1992)。

27. 鄧淑蘋,《敬天格物──中國歷代玉器導讀》(台北:國立故宮博物院,2011)。

28. 戴鑄明,《翡翠【鑑賞與選購】》(台北:迪藤出版社,2014)。

29. 魏德文,《中國古代服飾研究》(台北:南天書局有限公司,1988)。

30. 殷志強,〈乾隆庚辰科狀元畢沅及妻妾出土玉器〉,《中國隋唐至清代玉器學術研討會論文集》,(上海:古籍出版社,2002)。

三、期　刊

1. 毛憲民，〈清代射箭佩帶的板指及其書畫上的反映〉，《故宮文物月刊》，159（台北，1996），頁126～133。

2. 王春云，〈有關翡翠輸入中國傳說的考證與科學性分析〉，《珠寶科技》，2（桂林，2003），頁46～51。

3. 李理，〈從影像到實物——婉容皇后的珍珠情懷〉，《故宮文物月刊》，353（台北，2012），頁76～83。

4. 李湜〈慈禧款繪畫及宮掖女畫家〉，《故宮文物月刊》，16：11＝191（台北，1999），頁92～99。

5. 那志良，〈玉耳飾——古玉介紹之十二〉，《故宮文物月刊》，1：12＝12（台北，1984），頁97～99。

6. 那志良，〈獺尾、玉指環、轆轤環〉，《故宮文物月刊》，3：10＝34（台北，1986），頁38～41。

7. 周曉晶，〈玉帶鉤鑑賞〉，《故宮文物月刊》，208期7月（台北，2000），頁44～61。

8. 宗鳳英，〈慈禧的小織造——綺華館〉，《故宮文物月刊》，14：5＝161（台北，1996），頁42～55。

9. 林梅村，〈珠寶藝術與中外文化交流〉，《考古與文物期刊》，1（西安，2014），頁76～88。

10. 林聰明，〈吐魯番墓葬文物所見社會文化現象〉，《逢甲人文社會學報第一期》，（台中：2000年），頁81。

11. 武斌，〈末代皇帝溥儀和他的遺世珠寶〉，《故宮文物月刊》，351（台北，2012），頁30～39。

12. 邱志力、吳沫、孟增璐、王學琳，〈清代翡翠玉文化形成探釋〉，《中山大學學報》（社會科學版），1：47＝5（廣州，2007），頁46～50、125。

13. 胡瑛，〈國內翡翠市場分析〉，《資源與產業》，4（北京，2006），頁55～58。

14. 洛梅笙，〈浮世芳華——翡翠的前世今生〉，《紫禁城》，5（北京，2018），頁28～41。

15. 唐瑞裕，〈紫禁城外鳳凰窠——慈禧母家〉，《故宮文物月刊》，11：8＝128

（台北，1993），頁 42～43。

16. 徐琳，〈翠華玉意兩逢迎——清代宮廷中的翡翠〉，《紫禁城》，5（北京，2018），頁 78～95。

17. 馬羅剛、蔡漢倫〈翡翠溯源〉，《雲南地質》，Z1（昆明，1998），頁 410～413。

18. 張吉發，〈慈禧的服飾〉，《故宮文物月刊》，11：10＝22（台北，1985），頁 78～84。

19. 張臨生，〈帶鉤〉，《故宮文物月刊》，1：3（台北，1983），頁 4～5。

20. 張湘雯，〈御苑瑤英——清宮珮飾及瑞意陳設選介〉，《故宮文物月刊》，378（台北，1983），頁 24～33。

21. 張麗端，〈翠玉白菜——從材料到作品〉，《故宮文物月刊》，251（台北，2004），頁 54～62。

22. 許淨瞳，〈古代文獻中的「翡翠」辯疑〉，《陝西理工學院學報》，（社會科學版）2015 年 2 月第 33 卷第 1 期，頁 73。

23. 陳夏生，〈閒話數珠〉，《故宮文物月刊》，1：12＝12（台北，1984），頁 34～38。

24. 陳夏生，〈腰帶與腰飾〉，《故宮文物月刊》，2：5＝17（台北，1984），頁 4～11。

25. 陳夏生，〈嫩護玉蔥牙〉，《故宮文物月刊》，3：10＝34（台北，1986），頁 33～37。

26. 陳夏生，〈翡翠點翠集翠裘〉，《故宮博物院院刊》，4：4＝40（台北，1986），頁 4～11。

27. 陳夏生、嵇若昕〈金珠寶翠巧玲瓏：院藏清代服飾展品選粹〉，《故宮文物月刊》，4：11（台北，1987），頁 4～12。

28. 陳夏生，〈清代服飾溯源〉，《故宮文物月刊》，5：5＝53（台北，1987），頁 92～99。

29. 陳夏生〈古代婦女的巾冠〉，《故宮文物月刊》，110（台北 1992），頁 14～17。

30. 陳夏生，〈再談清代服飾中的朝珠與手串〉，《故宮文物月刊》，274（台北，2005），頁 88～96。

31. 陳夏生，〈談清宮寶石應用文化〉，《故宮文物月刊》，351（台北，2012），頁 52～63。

32. 陳慧霞，〈東西輝映下的清代宮廷珠寶〉，《故宮文物月刊》，351（台北，2012），頁 10～21。

33. 嵇若昕，〈翎與翎管——清朝的官服、冠帽飾物——〉，《故宮文物月刊》，第 3 卷第 6 期 9 月（台北，1985），頁 96～97。

34. 嵇若昕，〈雲鬢金冠金步搖：談滿族婦女的首飾〉，《故宮文物月刊》，3：3＝27（台北，1985），頁 66～72。

35. 黃永川，〈關於扳指〉，《國民歷史博物館學報》，27，民 93.04，頁 1～26。

36. 楊伯達，〈清宮舊藏翡翠器簡述〉，《故宮博物院院刊》，6（北京，2000），頁 40～44、93～100。

37. 楊伯達，〈從文獻記載考翡翠在中國流傳〉，《故宮博物院院刊》，2（北京，2002），頁 12～24。

38. 楊伯達，〈勐拱翡翠流傳沿革考〉，《中國歷史文物》，3（北京，2005），頁 4～17。

39. 楊伯達，〈「雲玉」、「雲石」、「綠玉」之名實考析〉，《故宮博物院院刊》，4（北京，2010），頁 67～80、161。

40. 趙桂玲，〈故宮舊藏「雲產石」釋疑〉，《故宮博物院院刊》，4（北京，2010），頁 81～88。

41. 揚之水，〈眾香國里的翠色——清代金銀首飾一瞥〉，《紫京城月刊》，216（北京，2013），頁 66。

42. 鄧淑蘋，〈談翡翠〉，《故宮文物月刊》，2：3＝15（台北，1984），頁 4～10。

43. 鄧淑蘋，〈續談翡翠〉，《故宮文物月刊》，2：5＝17（台北，1984），頁 40～41。

44. 鄧淑蘋，〈玉的鑑定八法〉，《故宮文物月刊》，3：3＝27（台北，1985），頁 83～93。

45. 鄧淑蘋，〈瑱與耳飾玦〉，《故宮文物月刊》，3：6＝30（台北，1985），頁 77～87。

46. 鄧淑蘋，〈是誰欺騙了汪精衛與日本天皇——從一件嵌玉屏風談「綠色玉」的迷思〉，《故宮文物月刊》，336（台北，2011），頁 4～15。

四、學位論文

1. 林君憲，〈高端寶石飾品定價策略之探討——以老坑種與冰種翡翠為例〉，臺灣師範大學高階經理人企業管理碩士在職專班學位論文，2018年。

2. 葉曉紅，〈翡翠飾物的演變和發展〉，中國地質大學碩士學位論文，2005年。

3. 褚瀟，〈器以載道——試論清代玉器與清代文化〉，中國地質大學碩士學位論文，2005年。

五、網路資料

1. 中華民國外交部官網。網址：https://www.boca.gov.tw/mp-1.html，點閱時間：2020/3/03。

2. 國立故宮博物院典藏精選。網址：https://theme.npm.edu.tw/selection/，點閱時間：2020/01/19。

3. 說郛_（四庫全書本）/全覽3。維基文庫。網址：https://zh.wikisource.org/wiki/，點閱時間：2020/07/19。

4. 翡翠說珠寶玉石網。網址：http://www.feicuishuo.com/thread-5-1-1.html，點閱時間：2020/03/03。

5. 蘇富比拍賣會官網。網址：https://www.sothebys.com/zh-hant/?locale=zh-Hant，點閱時間：2020/3/28。

6. 漢·許慎〈說文解字〉，《明末虞山毛氏汲古閣刊清初修補本》。台北：國家圖書館古籍與特藏文獻資源。網址：http://rbook.ncl.edu.tw/NCLSearch，點閱時間：2020/07/17。

7. 晉·張華撰〈格致叢書第十冊師曠禽經〉，《錢塘胡氏刊本》。台北：國家圖書館古籍與特藏文獻資源。網址：http://rbook.ncl.edu.tw/NCLSearch，點閱時間：2020/07/17。

8. 後晉·劉昫等《舊唐書109卷一百零五列傳第五十五》。籍海淘浪。網址：https://www.slideshare.net/helloiac/109-120979586，點閱時間：2020/07/19。

9. 朱惠榮，《徐霞客遊記校注，第二卷》，頁1106。Google電子圖書。網址：https://books.google.com.tw/books，點閱時間2020/07/19。

10. 張廷玉《明史，第 5～8 卷》。Google 電子圖書。網址：https://books.google. com.tw/books，點閱時間 2020/07/19。

11. 《二十四史：明史》，頁 1084。Google 電子圖書。網址：https://books.google. com.tw/books，點閱時間 2020/07/19。

12. 華夏文化百科。網址：https://wiki.hygx.org/title/ 六瑞，點閱時間 2020/07/25。

13. 中國考古網。網址：http://www.kaogu.cn/cn/kaoguyuandi/kaogusuibi/2016/ 0711/54569.html，點閱時間：2020/07/25。

14. 《清史稿：志七十八‧輿服二》。維基中國哲學書電子化計劃。網址： https://ctext.org/wiki.pl?if=gb&chapter=67429，點閱時間：2020/07/20。

15. 《清史稿 / 卷 103：志七十八‧輿服二》。維基文庫。網址：https://zh.m. wikisource.org/zh-hant/清史稿/卷 103，點閱時間：2020/07/20。

16. 《清稗類鈔‧豪侈類》。維基中國哲學書電子化計劃。網址：https://ctext. org/wiki.pl?if=gb&chapter=446955，點閱時間：2020/07/20。

17. 魏晉‧曹植《洛神賦》。中華古詩文古書籍網。網址：https://www.arteducation. com.tw/shiwenv_0559b0b0f385.html，點閱時間：2020/07/11。

18. 久翼：痞客邦。網址：https:///joyartcafe.pixnet.net/blog/post/43683904 隱，點閱時間：2020/07/10。

19. 《清稗類鈔‧服飾類》。維基文庫。網址：https://zh.wikisource.org/wiki/清稗類鈔/104#卍字簪，點閱時間：2020/07/10。

20. 《禮儀‧士冠禮》。維基中國哲學書電子化計劃。網址：https://ctext.org/yili/ shi-guan-li/zh，點閱時間：2020/07/10。

21. 《禮儀‧士冠禮》。維基中國哲學書電子化計劃。網址：https://ctext.org/ shuo-wen-jie-zi/zhu-bu/zh?searchu=笄：簪也%E3%80%82#n29192，點閱時間 2020/07/10。

22. 維基百科。網址：https:///zh.wikipedia.org/wiki/手鐲，點閱時間 2020/07/10。

23. 《明史：志第四十二‧輿服二》。維基中國哲學書電子化計劃。網址： https://ctext.org/wiki.pl?if=gb&chapter=450806，點閱時間 2020/07/10。

24. 魏晉‧繁欽《定情詩》。中華古詩文古書籍網。網址：https://www.arteducation. com.tw/authorv_56c629dc10c9.html，點閱時間 2020/07/10。

26. 《三餘贅筆》。維基中國哲學書電子化計劃。網址：https://ctext.org/wiki.pl?if=gb&res=579420&searchu=戒指，點閱時間 2020/07/10。

27. 《莊子・德充符》。維基中國哲學書電子化計劃。網址：https://ctext.org/zhuangzi/seal-of-virtue-complete/zh?searchu=，點閱時間 2020/07/10。

28. 《禮記・玉藻》。維基中國哲學書電子化計劃。網址：https://ctext.org/liji/yu-zao/zh，點閱時間 2020/07/10。

29. 《禮記・玉藻》。維基中國哲學書電子化計劃。網址：https://ctext.org/text.pl?node=60235&if=gb&show=parallel，點閱時間 2020/07/10。

30. 《清稗類鈔・豪侈類》。維基中國哲學書電子化計劃。網址：https://ctext.org/wiki.pl?if=gb&chapter=446955，點閱時間 2020/07/27。

31. 《清稗類鈔・豪侈類》。維基中國哲學書電子化計劃。網址：https://ctext.org/wiki.pl?if=gb&chapter=446955，點閱時間：2020/07/27。

六、其　他

1. 黎龍興，〈翡翠玉石鑑定與投資經營管理特訓班教材〉，2018 年。